Ilse Schmidt

Die Mitläuferin

Ilse Schmidt

Die Mitläuferin

Erinnerungen einer Wehrmachtsangehörigen

Aufbau-Verlag

Mit 45 Fotos aus dem Privatbesitz von Ilse Schmidt

Mit einem Vorwort von Annette Kuhn
und einem Nachwort von Gaby Zipfel

Inhalt

Annette Kuhn

Der Traum von einer Erinnerungskultur – meine Gedanken zu dem Bericht der Wehrmachtsangehörigen Ilse Schmidt

Ilse Schmidt lernte ich im Frühjahr 1990 kurz nach dem Mauerfall kennen, in einer Tagungsstätte nahe der Glienicker Brücke bei Berlin. Sie erzählte, wie sie, ein junges, lebensbegieriges Mädchen, 1940 als Wehrmachtshelferin in das von den Deutschen besetzte Paris kam, glücklich: endlich dem Elternhaus, dem täglichen Einerlei, der beruflichen Aussichtslosigkeit, der Bevormundung entronnen.

Seit dieser ersten Begegnung sind fast zehn Jahre vergangen. Ilse Schmidt berichtete damals von ihrem beruflichen Weg als Stabshelferin in der deutschen Wehrmacht, zuerst in Frankreich, dann in Serbien und in der Ukraine und zu Kriegsende in Italien. Paris, Belgrad, Rowno, Rom, Meran: Das sind die wichtigsten Stationen in fünf Jahren, die als Aufbruch in die vermeintlich große Freiheit begannen und als verzweifelter Überlebenskampf im zerstörten tausendjährigen Reich endeten, Jahre, die das Leben von Ilse Schmidt bis heute prägen.

In ihrem Vortrag suchte Ilse Schmidt nach Worten, um ihre Gefühle, ihre Ängste, um diesen Vorgang der Spaltung ihrer Person in den Jahren des Krieges, der Brutalitäten und Katastrophen zum Ausdruck zu bringen. Sie gab Antworten auf unsere vielen Fragen. Aber wir wollten noch mehr wissen: Wie war es damals? Was hat sie, Ilse Schmidt, empfunden? Wie war es möglich, daß sie zur Täterin wurde?

Ich war von Ilse Schmidt sehr beeindruckt. In ihrer klaren Stimme war das innere Zittern zu hören, das ihre Erinnerungen begleitete. Sie war entschlossen, sich so exakt, so wahrheitstreu wie nur möglich zu erinnern. Sie ging in einer für mich bis heute noch bewundernswerten Weise ehrlich mit sich um – ehrlich im tiefsten Wortsinn. Wir spürten, es ging ihr um ihre Ehre und zugleich um mehr: es ging auch um unserer aller Ehre. Wir alle wollten wissen: Wie konnte es geschehen, daß Ilse Schmidt fünf Jahre mitmachte, mitlief? Und jede von uns fragte sich selbst: Wie hätte ich damals gehandelt? Wie gehe ich mit meinen eigenen Erinnerungen um? Bin ich so ehrlich, so unerschrocken, wie ich es jetzt bei Ilse Schmidt erlebe? Was heißt wegschauen, nur funktionieren, absterben für einen jungen Menschen und für Deutschland – damals und heute?

Die Teilnehmerinnen dieses Seminars wollten nicht zu Gericht sitzen; sie wollten auch nicht unzumutbare Schmerzen hervorrufen; sie wollten mehr erfahren über eine junge deutsche Frau in den Jahren, als das nationalsozialistische Deutschland Westeuropa, Osteuropa und fast die ganze Sowjetunion unterjochte, die die Bezeichnung Mitläuferin nicht von sich wies und für die das Leben von der mörderischen Politik der »Ausmerze und der Auslese« nicht zu trennen war. Ilse Schmidt hatte zunächst 1940 die Anfänge der Vernichtung des europäischen Judentums und der Zerstörung der europäischen Kultur miterlebt, und sie hatte weggeschaut. »Paris ist doch zum Amüsieren da.« Und doch hatte schon die 21jährige versucht, etwas zu begreifen, was für uns heute noch unbegreiflich ist. Mit ihrer Erinnerungsbereitschaft teilte sie uns etwas mit von diesem »Hitler in uns« (Max Picard), von dem Zerfall des Menschlichen im Menschen, der für uns bis heute als Teil unserer deutschen Geschichte nicht verständlich ist.

Nach ihrem Vortrag tranken Ilse Schmidt und ich zusammen Kaffee. Ich erlebte sie immer neu als starke, erfahrene Frau, stark genug, um auf ihr »anderes Ich« zurückzublicken. Sie sprach ohne Selbstmitleid und Selbstbeschönigung von einer »verzweifelten, ängstlichen Kreatur«, von einer Frau , die mit dem Erlebten nicht fertig wurde. Vor mir saß auch das junge, unerfahrene, menschenfreundliche Wesen, das liebenswert und fröhlich sein wollte, das angesichts der Ereignisse um es herum »verrückt wurde«, »verrückt aus Angst«. Ilse Schmidt schilderte ihren Traum nach ihrer Flucht aus Rowno, einen Traum von einer Kiste, die sie nur mit größter Mühe ausgegraben hatte. Auf den ersten Blick war diese Kiste leer. Doch wußte Ilse Schmidt von deren Inhalt: »Ich wußte, dort lag mein vergrabenes Ich.« Schließlich erwähnte sie dieses Manuskript, das ihr »vergrabenes Ich« verkörpert in einem greifbaren, fast begreifbaren Sinn. Ilse Schmidt hatte gelernt, ihr Ich zu vergraben, ihren eigenen Verstand und ihre Gefühle zu leugnen, bis zur körperlichen Zerstörung. Als sie aus dem Fenster des Büros die Deportation der Juden beobachtete, wurde ihr vom Chef befohlen, wegzuschauen. Sie erinnert sich, wie sie am nächsten Tag mit gekrümmtem Rücken die Treppen zum Büro hinunterstieg. Das Bild der in die Arbeitslager und in den Tod getriebenen Juden hat sich ihr eingeprägt. Sie war zum aufrechten Gang unfähig. Über diesen gekrümmten Rücken habe ich lange nachgedacht. Identifizierte sie sich unbewußt mit den Juden als Opfern, denen sie nicht zu Hilfe kam. Oder schämte sie sich, weil sie sich dem Befehl beugte: »Schau weg«?

Diese Körperhaltung hat Ilse Schmidt nicht verlassen. Sie erinnert sich an ihren gebeugten Rücken, an ihre Schmerzen. In ihrer Wahrnehmung hat sie sich in ihrer Körperhaltung mit den Opfern der deutschen Gewalt identifiziert. Historiker und Historikerinnen erinnern uns daran, daß Ilse Schmidt auch in der Erzählung dieser Geschichte weiterhin wegschaut, verdrängt. Inzwischen wissen wir Genaueres über die Zahlen der deportierten Juden und empfinden die Diskrepanz zwischen dem ungeheuerlichen Geschehen und den wenigen Angaben der Ilse Schmidt. Diese Diskrepanzerfahrung müssen wir aushalten. Der Bericht von Ilse Schmidt erweitert nicht unser Wissen über die Massenvernichtung des europäischen Judentums. Er hilft uns aber zu begreifen, wie »ethnische Säuberungen« vor unseren Augen möglich sind, wie wir unser Ich abspalten und vergraben. Bemerkenswert an diesem Bericht ist die Fähigkeit der Ilse Schmidt, das abgespaltene Ich wieder zum

Sprechen zu bringen. Sie leitete somit für sich und für uns den Prozeß des Aspektwechsels (Ludwig Wittgenstein) ein, der das Muster des Verdrängens sprengt.

Die Veröffentlichung dieses Berichtes einer Stabshelferin ist wichtig. Dafür gibt es viele Gründe. Trotz der Fortschritte in der Erforschung der NS-Frauengeschichte herrschen weiterhin unzutreffende Vorstellungen von dem Grad der Funktionalisierung und der Selbstfunktionalisierung deutscher Frauen im Nationalsozialismus. Wir wissen kaum etwas von der Täterschaft der deutschen Frauen. Wir können auch nicht die Verbindung zwischen der Mehrheit der weiblichen Bevölkerung in Deutschland, die Täterinnen waren, und der Geschichte der »Trümmerfrauen« der deutschen Nachkriegsgeschichte herstellen. Unsere deutsche Kriegs- und Nachkriegsgeschichte ist immer noch eine Geschichte allein aus der männlichen Perspektive. Der dem Faschismus immanente Antifeminismus wird bis heute in seiner Geschichtsmächtigkeit verharmlost und die damals extreme Ausprägung der Patriarchalisierung der deutschen Gesellschaft weitgehend geleugnet. Ilse Schmidt berichtet von sich – als einer Mitläuferin, die ihre Mittäterschaft verantwortet, aber auch ein »Opfer« der patriarchalischen Verhältnisse war, privat und öffentlich. Ihr Bericht kann uns helfen, die verengte Sicht des Nationalsozialismus allein aus der männlichen Perspektive zu überwinden. Er fordert zu einer Revision veralteter Erklärungsmuster und vertrauter Stereotype auf, zu einer Geschichtssicht ohne Verwischungen und Verharmlosungen, zugleich aber auch zu einer Betrachtungsweise jenseits der Opfer-Täter- und Opfer-Täterinnen-Kategorisierung.

Während ich diese Zeilen schreibe, wird in Bonn die Ausstellung des Hamburger Instituts für Sozialforschung zum Vernichtungskrieg und zu den Verbrechen der Wehrmacht 1941 bis 1944, der Schauplätze des Wirkens der Ilse Schmidt, gezeigt. In dieser wichtigen Ausstellung, die nicht umstritten sein dürfte, wird noch immer nicht die Geschichte von den Tausenden von Wehrmachtshelferinnen erzählt, die den nationalsozialistischen Vernichtungskrieg ermöglichten und mitverantworteten, Frauen, die ebensowenig wie Ilse Schmidt *nur* Rädchen in der Maschinerie des Grauens waren. Sie waren alle, wie auch Ilse Schmidt, Menschen, die für ihr eigenes Tun und Unterlassen eine eigene Verantwortung trugen und tragen.

Damit komme ich zu einem weiteren Grund, weshalb ich diese Veröffentlichung für wichtig halte. Ilse Schmidt gehört zu einer Generation deutscher Frauen, die mehrheitlich als Mitläuferinnen zu bezeichnen sind, die zu Vollstreckerinnen der NS-Vernichtungspolitik wurden und die heute noch schweigen. Von ihren Vorgesetzten wurde Ilse Schmidt immer wieder gesagt: »Schau weg!« Frauen wird in unserer Gesellschaft das Recht des Wegschauens eingeräumt. Gegen diese Formen der Entmündigung und Entpolitisierung hat sich Ilse Schmidt gewehrt. Die Bilder der erniedrigten, der erhängten, der ermordeten Menschen ließen sie aber nicht los. »Es gab keinen Menschen, mit dem ich über meine Ängste sprechen konnte«, schreibt sie. Ihre Erinnerungen an diese schrecklichen Bilder schließt sie mit den Worten: »Als ich lernte, über meine Vergangenheit zu sprechen, lernte ich auch, mich zu hinterfragen und mich nicht noch zu schämen, wenn ich über Krieg sprach.«

Ilse Schmidt verliert keine pathetischen Worte über ihre Schuld und ihre Unschuld und die Schuld der anderen. Vielmehr erzählt sie von dem, was sie tat, von ihrem Funktionieren im System des Verbrechens und der Vernichtung, aber auch von ihren Widersetzlichkeiten, sie hilft zum Beispiel einem Homosexuellen, damit er nicht ins KZ kommt.

Diese Geschichten machen betroffen. Wir erfahren dabei, daß wir immer wieder versucht sind, das Vergangene von uns abzuschneiden, obgleich wir wissen: »Was vergangen ist, ist nicht tot, es ist noch nicht einmal vergangen.« (Christa Wolf)

Beim Lesen dieses Berichtes lernen wir, wie wir – so unterschiedlich dies für jeden einzelnen und für jede einzelne ist – mit unserer Vergangenheit umgehen müssen.

Nach der deutschen Einheit wurden wieder die unterschiedlichen Erinnerungen der Deutschen miteinander verrechnet. Zu Recht hat Daniela Dahn dagegengehalten: »Glauben Sie wirklich, daß wir im Osten mehr ›aufzuarbeiten‹ haben als Sie im Westen und daß man bei Ihnen dabei soviel offener ist? Frage ich, nun doch leicht trotzig. ... Ich glaube, die Summe der Verdrängungen ist immer gleich« (Daniela Dahn, Osttrotz wider die neue Herrlichkeit, Dialogischer Prolog, 1997). Erkenntnisarbeit kann spalten; sie kann aber auch zu einer neuen Form der Verständigung in Deutschland führen.

Damit komme ich zu dem tiefsten Grund, weshalb ich die Veröffentlichung dieser Erinnerung von Ilse Schmidt für so wichtig halte. Ich träume immer noch von einer Erinnerungskultur in Deutschland. Deutschland – ein Land, in dem angstfrei über das Vergangene gesprochen, in dem öffentlich getrauert werden kann, in dem alle Menschen an dem Schmerz der Erinnerung der anderen teilnehmen können, ohne diese anderen zu vereinnahmen. Es gibt ermutigende Anzeichen für dieses Deutschland. Gebrannte Kinder suchen immer wieder das Feuer. Sie versuchen, das Schweigen zu durchbrechen, Wichtiges bleibt wissend unausgesprochen. »Tearing the silence« heißt das jüngste Buch, das über das Leben als Deutsche wie der Nachkommen des Hitler-Deutschlands in Amerika berichtet (Ursula Hegi, Tearing the Silence Or being German in America, 1997). Ilse Schmidt hat nicht geschwiegen. Sie hat mir geholfen, an meinen Traum von einer Erinnerungskultur in Deutschland zu glauben.

Frau von Borries-Thüßing, München, möchte ich für ihren Einsatz für die Veröffentlichung dieses Manuskriptes danken.

Dieses Buch widme ich Ingeborg Drewitz, die mir Mut gemacht hat, über meine Zeit als Stabshelferin während des Zweiten Weltkriegs zu schreiben. Als ich mich auf den Weg durch das Gestrüpp der Erinnerung machte, erlebte ich den Krieg in seiner Grausamkeit und Härte ein zweites Mal und wollte aufgeben. »Durch diese Zeit müssen Sie noch einmal gehen«, sagte sie und ermutigte mich, wann immer wir uns trafen. Mit ihrer Hilfe gelang es mir, mich dieser dunklen Zeit zu stellen.

Beim Einmarsch der Roten Armee besetzten russische Soldaten mein Elternhaus und warfen allen Hausrat, der ihnen nicht brauchbar erschien, auf die Straße, auch die Bilder, die ich während des Krieges gemacht hatte. Nach meiner Rückkehr habe ich sie vom Schmutz befreit, geordnet und aufgehoben. Sie sind ein Teil meines Lebens. Einige der Fotos sind in diesem Buch zu sehen.

Aufbruch

Es ist ein Tag im November 1940, als ich auf dem Bahnhof Berlin Zoologischer Garten in den Zug nach Paris steige. Der Krieg mit Frankreich ist beendet. Der Feldzug hat vierzig Tage gedauert, jetzt herrscht Waffenstillstand. Ich bin 21 Jahre alt und werde als Marine-Stabshelferin nach Paris geschickt. Ein Bruder meines Vaters arbeitet in Berlin im Marineministerium und hat mir die Stelle vermittelt. Endlich komme ich von zu Hause weg, entgehe dem täglichen Einerlei im Betrieb meines Vaters, der Bevormundung, der Abhängigkeit von seinen Anweisungen, meiner beruflichen Perspektivlosigkeit. Vaters ermutigende Worte, wenn ich resignieren, eine Sache aufgeben wollte, sind mir im Ohr. »Das kann ich nicht!« – »Das kannst du! Du bist meine Tochter!«

Ich wurde 1919 in Ruhlsdorf, einem kleinen Dorf in der Mark Brandenburg, geboren. Dort bin ich auch das erste halbe Jahr zur Schule gegangen. Damals war noch die Prügelstrafe üblich; ob Junge oder Mädchen, ohne Ausnahme kamen wir alle dran. Die Hand wurde straff ausgestreckt, die Innenfläche nach unten gebogen, und der Rohrstock sauste nieder. Das nahm ich hin. So war es eben. Als schlimmer empfand ich es, wenn ich in die Ecke gestellt wurde, weil ich mit der Nachbarin geschwatzt hatte, und die Jungen hinter meinem Rücken lachten.

Meine Eltern zogen nach Gütergotz, nicht weit von Potsdam entfernt. Bald nach 1933 wurde der Ort umbenannt in Güterfelde. Götzenglaube, wie er sich im Namen des Dorfes andeutete, schien nicht mehr opportun. Mein

Vater hatte ein Engrosgeschäft, Obst und Gemüse. Er belieferte Kasernen in der Umgebung und die Mostereien in Potsdam. Meine Mutter war schwer herzkrank. Viele Jahre lang mußte ich ihr das Bett machen und das Frühstück bereiten, bevor ich zur Schule fuhr. Jeden zweiten Tag kam die Krankenschwester und gab ihr eine Spritze. Auf dem Heimweg von der Schule dachte ich beim Strampeln auf meinem Fahrrad voller Angst: »Ob sie noch lebt, wenn ich nach Hause komme?«

Verwandte und Freunde sprechen heute noch von meiner Mutter wie von einem Engel: Gütig sei sie gewesen, zu jedem freundlich, immer habe sie gegeben. »Um des lieben Friedens willen sei still«, lautete ihre stetige Ermahnung an mich, wenn ich laut oder gar aufsässig werden wollte. Daß Stillsein nicht gleichbedeutend ist mit Frieden, habe ich erst später begriffen. Gespürt habe ich meine Mutter weder im Guten noch im Bösen. Keine feste Hand, die mich führte, keine leichte, die mich streichelte. Die einzigen handfesten Beweise elterlicher Sorge waren die Ohrfeigen meines Vaters. In unserer Familie wurde nicht viel gesprochen. Ruhig und gehorsam sollten wir sein, ich und meine jüngere Schwester Friede. Dabei mochte ich es am liebsten lustig und fröhlich, so wie es in der Familie meines Onkels zuging. Aber ich wagte mich nicht so zu verhalten; ich war ruhig und schüchtern, weil das so von mir verlangt wurde. Meine Mutter starb, als ich vierzehn Jahre alt war. Während wir Abschied von ihr nahmen, lag sie mit einem leichten Lächeln um die Mundwinkel friedlich da; es schien, als wolle sie sagen: Gott sei Dank, dieses Leben bin ich los.

Im BDM oder Arbeitsdienst bin ich nie gewesen. Aber es beeindruckte mich, daß drei Mädchen vom BDM zur Beerdigung meiner Mutter kamen. Ich wurde aufgefordert, auch an einer der Versammlungen teilzunehmen, und sollte wie alle Mädchen den durch einen dicken Lederknoten geschlungenen Schlips tragen. Da ich aber weder Schlips noch Knoten besaß, mußte ich mir beides leihen. Ich hatte die Vorstellung, ich könnte ersticken, wenn der Schlips zu fest durch den Knoten gezogen würde, und weigerte mich auch weiterhin hartnäckig, diese Requisiten zu kaufen. So gab der BDM letztlich auf und ließ mich laufen.

Meine Mutter vertrat die Auffassung, daß Mädchen eine gründliche Berufsausbildung erhalten müßten, vermutlich, weil sie sich selbst ihr Leben lang abhängig gefühlt hatte. Sie bewunderte Marte, ihre Schulfreundin aus Berlin-Mariendorf, wegen ihres Berufes. Marte war eine begabte Modezeichnerin, verheiratet, aber kinderlos, sie trug eine dunkle Bubikopffrisur, und der Pony fiel ihr über die Augen bis an die Grenze der Sehfähigkeit. Sie rauchte wie ein Schlot. Unterschiedlichere Frauen im Wesen und im Aussehen als Marte und meine Mutter kannte ich nicht. Dennoch verband die beiden Frauen eine enge Freundschaft. Bei ihren häufigen Besuchen brachte Marte die Entwürfe ihrer Modelle mit, und da meine Mutter von diesen Arbeiten fasziniert war, beschloß sie, ich sollte einmal Modezeichnerin werden. Marte versprach, dafür zu sorgen, daß ich diesen Wunsch erfüllen kann. Aber nach Mutters Tod habe sie nicht mehr gesehen.

Wenige Jahre nach dem Tod unserer Mutter heiratete mein Vater wieder. Meine vier Jahre jüngere Schwester kam in ein Internat des Pestalozzi-Fröbel-Hauses nach Mellensee. Ich hatte die Mittlere Reife absolviert und war ein halbes Jahr lang in Berlin zur Handelsschule, am Bahnhof Börse, gegangen. Dort hatte ich Maschine schreiben, Stenografie und Buchführung gelernt und ein Zertifikat der Handelsschule erworben. Nun wollte ich eine gute Berufsausbildung machen. »Wozu einen Beruf?« wunderte sich mein Vater. »Du heiratest doch einmal.« Mich durchzusetzen, ein Ziel anzustreben, hatte ich nicht gelernt. So beschränkte ich mich auf den Wunsch, Kindergärtnerin zu werden, und bei dem Wunsch blieb es. Zwar schätzte mein Vater tüchtige Frauen, Kriegerwitwen zum Beispiel, Frauen, die nach dem Ersten Weltkrieg ihre Kinder allein aufziehen mußten. Frauen, die gescheiter waren als er, schätzte er allerdings ganz und gar nicht. Ich hatte die Realschule besuchen dürfen, obwohl das 10 Mark Schulgeld im Monat kostete und ich den weiten Weg nach Berlin dafür auf mich nehmen mußte. Ich hatte zur Handelsschule in Berlin gehen dürfen. Das schien meinem Vater genug der Bildung. Nun sollte ich in unserem Geschäft mithelfen. Ich fügte mich. Mich gegen meinen Vater aufzulehnen wäre mir nicht in den Sinn gekommen.

Meine einzigen Vergnügungen waren Kinobesuche in Babelsberg, die mein Vater abfällig kommentierte: »Hast du wieder Firlefanz gesehen?« Ich ging, wenn er nicht im Haus war, und sprach nicht darüber. An den Wochenenden besuchte ich meine Tante in Berlin, die in der Nähe des Blücherplatzes wohnte. Sie hatte ein Theaterabonnement und nahm mich oft mit in die Vorstellungen. Ich war unzufrieden, doch ich wagte nicht, mein Leben selbst in die Hand zu nehmen.

Kurz vor meinem 21. Geburtstag sagte mein Onkel zu mir: »Wenn du hier weg willst, geh zur Marine. Ich kann veranlassen, daß du nach Paris kommst.« Er war beim Marineministerium beschäftigt und erklärte mir, daß man dort Frauen für Bürotätigkeiten suchte. Also setzte ich ein Bewerbungsschreiben an das Oberkommando der Kriegsmarine auf und gab es zusammen mit den Zeugnissen meinem Onkel. Kurze Zeit später lud man mich zum Vorstellungsgespräch nach Berlin ein, in das Ministerium am Tirpitzufer, dem heutigen Reichpietschufer. Ich wurde eingestellt. Papiere, eine Fahrkarte nach Paris und die Adresse, bei der ich mich dort zu melden hatte, kamen per Post. Wohl auch, weil meine Volljährigkeit kurz bevorstand, erhob mein Vater nicht länger Einspruch. Im Oktober 1940 wurde ich 21. Sechs Wochen später war ich in Paris.

Ich war Stabshelferin geworden, aber von Politik verstand ich wenig. In meiner Verwandtschaft gab es die verschiedensten politischen Ansichten. Der Großvater väterlicherseits wollte bis an sein Lebensende seinen alten Kaiser wiederhaben. Bei der Reichstagswahl 1933 hatte er seine Stimme im Gütergotzer Wahllokal abgegeben. Die Auszählung ergab nur eine einzige Stimme für die Deutschnationalen. Spontan rief mein Großvater in den Saal: »Das ist meine!« Meine Großmutter war eine gläubige, strenge Nazisse, ihr jüngster Sohn schon früh Sturmführer. Dagegen tendierten die Eltern meiner Mutter zur SPD. Der Mann einer Tante war als Kommunist bekannt und mußte die Kriegszeit geduckt und unauffällig verbringen. Mein Vater war in der Partei, aber kein überzeugter Hitler-Anhänger. Er hatte nicht Mitglied werden wollen, sträubte sich aber weniger, als seine Geschäfte anfingen, besser zu gehen, und als die Krankenhauskosten für die Mutter – anfangs von den Großeltern bezahlt – abgestottert waren. Die elenden Jahre der Arbeitslosigkeit, die ich als Kind miterlebt hatte, waren mir noch deutlich in Erinnerung: die Männer, die untätig auf den Straßen in Berlin standen, die Menschen in den Wärmestuben bei einer mageren Suppe. Die Hoffnungslosigkeit in den Gesichtern. Es gab sechs Millionen Arbeitslose im Deutschen Reich. Mein Vater hatte jahrelang Existenzängste. Ein Arbeitsloser arbeitete für fünf Reichsmark am Tag in seinem Geschäft und war froh über die zusätzliche Mahlzeit, die er bekam.

Keines der Mädchen aus Gütergotz war beim Arbeitsdienst, alle arbeiteten auf den väterlichen Höfen oder Betrieben wie ich. Aber mir gefielen die jungen Männer vom Arbeitsdienst, die außerhalb des Dorfes in der Feldmark Waldgebiete rodeten, zugewachsene Wege freilegten oder Straßen bauten. Sie leisteten sinnvolle Arbeit, dachte ich damals. Nur wenn sie mit geschulterten Spaten vorbeizogen und das SA-Lied »Heute gehört uns Deutschland und morgen die ganze Welt« sangen, war mir unheimlich. »... die ganze Welt«, die ganze Welt sollte es sein.

Im Gütergotzer Schloß war vor Kriegsbeginn die SA-Standarte »Feldherrenhalle« untergebracht. Einen der SA-Männer, Alexander, lernte ich bei einem Kinobesuch kennen. Er ließ einen Wecker in seiner Uniformjacke klingeln, um auf sich aufmerksam zu machen. Später waren es seine überlangen Zigarettenspitzen, die mir gefielen, seine witzigen Einfälle und die Beliebtheit bei den Kameraden. Langeweile gab es nicht in seiner Gegenwart, wir hatten immer etwas zu lachen. Bei uns zu Hause hingegen wurde wenig gelacht. Nur wenn mein Vater Besuch hatte, ging es fröhlich zu. Dann standen meine Mutter und später seine zweite Frau lange in der Küche am Herd, und es wurde aufgetafelt. Großzügig war mein Vater immer. Von einer Verbindung zwischen mir und Alexander wollte er allerdings nichts wissen.

Als der Krieg begann, wurde Alexander Oberleutnant in einem Fallschirmjägerregiment, wenig später erhielt er seine Versetzung von Gütergotz in eine andere Garnison. Ich sollte ihn in der Kaserne besuchen. Bereit, eine Liebesbeziehung zu ihm einzugehen, schrieb ich ihm: »Ja, ich komme.« Doch auf mein Ja erhielt ich lange keine Antwort. Hatte er, der Bär, wie er sich selber nannte, mehr Angst vor der Liebe als vor dem Tod?

Als Alexander erfuhr, daß ich als Stabshelferin nach Paris gehen würde, warnte er mich in einem Brief: »Vorsicht vor den Herren Offizieren! Sie wollen nur das eine!« Ich schrieb zurück: »Ich weiß, was ich tue!« Daß ich Angst um ihn hatte, verschwieg ich. Es gab keine Offenheit mehr zwischen uns, die Beziehung hatte sich abgekühlt. Vielleicht auch aus anderen Gründen? Nach dem Feldzug gegen Polen hatte er mir geschrieben, er habe einem alten Juden den Bart abgeschnitten. Beklommen legte ich den Brief zur Seite. Wie konnte er so etwas tun?

Meine Anfälligkeit für Uniformen und Marschmusik war groß. Das ging mir unter die Haut! Die Paraden in Berlin Unter den Linden vor dem Krieg! Keine Nation konnte so marschieren wie die deutsche, begeisterte ich mich. Das Pflaster dröhnte unter dem Stechschritt der Soldaten. Die Begeisterung riß mich mit. Wenn ich später Soldaten in Zivil traf, war ich oft überrascht, daß sie gar nicht so groß waren, wie sie mir in Uniform vorgekommen waren. Hatte meine Phantasie sie größer gemacht?

Mein Vater brachte keine Begeisterung für den Krieg auf. Als die deutschen Truppen in Polen einmarschierten, sagte er: »Von denen sehen wir viele nicht mehr wieder.«

Frankreich

Paris

Mein Zuhause, das kleine Dorf bei Potsdam, liegt hinter mir. Ich bin auf dem Weg nach Frankreich, bereit, mich in das Abenteuer Leben zu stürzen. Was wird mich in Paris erwarten? Ich hoffe, daß man sich in der »Hauptstadt der Liebe« amüsieren kann, daß dort etwas los ist. Paris ist doch zum Amüsieren da! Ich fahre zum ersten Mal über die Rheinbrücke bei Köln. »Oh, du wunderschöner deutscher Rhein ...« Enttäuscht denke ich: Wunderschön sieht der Rhein im November 1940 nicht aus. Eher trübe und grau. Beim Einlaufen unseres Zuges auf dem Gare du Nord begrüßt mich die aufregende Stadt mit freundlichem Novemberwetter. Nun lerne ich sie kennen, die breiten Champs-Élysées, den Invalidendom, die Kirche Madeleine, den Montmartre de Sacré Cœur, die Tuilerien, den Eiffelturm, den Louvre.

Meine Arbeitsstelle ist die Marine-Propaganda-Abteilung West in der Avenue Henri Martin 25. Eine ruhige Villengegend mit gepflegten Vorgärten und großen Auffahrten. Die Avenue führt zum Trocadéro, und der Bois de Boulogne ist nicht weit. In dem vornehmen, mehretagigen Haus befindet sich nicht nur das Büro, sondern auch unsere Wohnräume. Ich teile mir ein Zimmer mit einer Kollegin. Den Chef, Kapitän zur See H., ein stattlicher, jovialer älterer Herr, bekomme ich selten zu sehen; nur mit seiner Sekretärin, der Witwe eines gefallenen U-Boot-Kommandanten, habe ich des öfteren zu tun. Die Pariser Marine-Propaganda-Abteilung ist die Zentralstelle für die an der Atlantik- und Kanalküste stationierten Propaganda-Kompanien, sie hat etwa zwanzig Mitarbeiter. »Kriegsmarine«

steht an den Uniformmützen der Männer. Propaganda-Kompanien dienen als Anlaufstellen der Kriegsberichter, zwischen ihnen verlaufen die Nachrichtenfäden. Für uns Frauen ist die Abteilung eine Zwischenstation: Wir wissen, daß wir nach unserer Einarbeitung entweder zu den Stützpunkten nach Brest, Rennes, La Rochelle, Lorient oder an die Marine-Frontzeitung nach Bordeaux versetzt werden. Zu Beginn meiner Dienstzeit in Paris werde ich vereidigt. Ich schwöre, Stillschweigen über alles zu bewahren, womit ich in einem von deutschen Truppen besetzten Land konfrontiert werde. Diesen Schwur empfinde ich als Verpflichtung. Ich fühle mich an ihn gebunden.

Meine Tätigkeit gleicht der einer Sekretärin. Auf der Schreibmaschine habe ich zu Hause viel geschrieben, so ist es kein Problem, wenn mir Kriegsberichter ihre Texte in die Maschine diktieren. Zu meinen Aufgaben gehört es unter anderem, aus der Fülle der aus Deutschland bei uns eingehenden Zeitungen die von den Marinekriegsberichtern veröffentlichten Artikel zu sichten, auszuschneiden, zu ordnen und sie in einem Archiv zu sammeln. Unter den Zeitungen befindet sich sogar ein Blatt mit dem kuriosen Namen »Hultschiner Flaschenpost«, benannt nach einem Ort in der Tschechoslowakei.

Wir sind sechs Frauen im Büro. Eine Kollegin heißt Carmen, auch sie ist Kriegerwitwe. Ihr Mann fiel während der Kämpfe um Paris. Beim Besuch seines Grabes bricht sie zusammen und schließt sich ein paar Tage in ihrem Zimmer ein. Sonst ist in Paris vom Krieg nichts zu spüren. Die deutsche Wehrmacht ist Besatzungsmacht, ich führe ein angenehmes Leben. Vielleicht lebt nur der liebe Gott in Frankreich besser, denke ich leichtsinnig.

Da ist die Mode in Paris! Die verführerischen Kaufhäuser, die schicken Pariserinnen! Im eleganten Kaufhaus Le Printemps lasse ich mir die Haare frisieren; mit dem neuen Haarschnitt fühle ich mich in Paris wie zu Hause. Wir tragen keine Uniformen, nur ein Abzeichen an der Jacke, auf dem steht »Wehrmachtsbefehlshaber Frankreich«. Wenn ich abends ausgehe, verschwindet das Abzeichen in meiner Tasche. Mit jedem Tag fühle ich mich mehr als Pariserin. Wie gut, daß unsere erste Fremdsprache in der Schule Französisch war. Man spricht mich auf der Straße französisch an, und es macht Spaß, in der fremden Sprache zu antworten.

Eines Tages betreten wir zu dritt einen der exklusivsten Modesalons der Stadt, lassen uns in die großen Fauteuils fallen und Haute-Couture-Kleider vorführen. Die Directrice flüstert uns beim Vorüberschreiten eines bildschönen Mannequins zu: »Sie ist eine russische Prinzessin!« Und ahnt nicht, daß die Mädchen, die sich vor ihr in den Sesseln räkeln, nicht genug Geld haben, sich auch nur ein Stück aus der verführerischen Kollektion zu leisten. Es ist eine herrlich sorglose Zeit! Frei von jedem Skrupel und ohne für einen Sou etwas zu kaufen, gehen wir aus den eleganten Räumen wieder fort. Unsere Laune schäumt über wie Champagner aus einem randvollen Glas.

Drei junge Männer in Wehrmachtsuniform sprechen uns an und laden uns zu dem französischen Film »Le paradis perdu« ein. Wir wollen gemeinsam in die Spätvorstellung gehen, denn die drei gehören zu einer Flugzeugbesatzung und müssen am Nachmittag noch einen Einsatz gegen England fliegen. Wie verabredet stehen wir vor dem Kino und warten und warten. Der Film hatte längst begonnen. Schließlich rufen wir auf dem Flugplatz in der Nähe von Paris an und hören, daß ihre Maschine über dem Kanal abgeschossen wurde. Keiner hat überlebt. Unsere Eintrittskarten für »Das verlorene Paradies« sind in den Uniformjacken verbrannt. Es ist die erste Todesnachricht, die mich im Krieg erreicht. Sie schmerzt mich tief.

Weihnachten feiert die gesamte Propaganda-Abteilung gemeinsam. Auch unser Chef ist nicht nach Hause gefahren. Der Weihnachtsmann, ein verkleideter Maat, schenkt jedem einen Fotoapparat. Englische Truppen haben die Apparate bei ihrem überstürzten Rückzug aus Frankreich in Dünkirchen zurückgelassen. Zu Beginn des neuen Jahres wird die Beschaffung von Heizungsmaterial für den nächsten Winter veranlaßt. Mir erscheint diese vorsorgliche Planung unverständlich, ja überflüssig. Der Krieg ist doch bald zu Ende, heißt es.

Es ist der 9. Februar 1941, der Todestag meiner Mutter. Meine Kollegin Margot hat uns Karten für die Oper besorgt, es tanzt das Ballett des Théatre de l'Opéra. Aus irgendeinem Grund muß Margot jedoch absagen. Ich habe keine Lust, allein auszugehen, doch dann beflügelt mich der Gedanke an das Ballett. Als Zuspätkommende werde ich zunächst in eine Loge geschickt, um den ersten Akt abzuwarten. In der Pause suche ich meinen Platz im Parkett. Auf dem Weg dorthin spricht mich ein Leutnant in Uniform auf französisch an und fragt, ob wir uns nicht kennen. »Etwas Originelleres ist dir wohl nicht eingefallen«, denke ich und antworte ihm auf deutsch: »Das kann nicht stimmen.« Er ist verwirrt und bringt das Gespräch schnell auf ein neutrales Thema, die Architektur der Oper. Als ich mich durch die Parkettreihe schlängele, folgt er mir und setzt sich neben mich. Er hat meine zurückgegebene Karte erworben. Noch vor Schluß der Aufführung muß er gehen, um den Nachtzug nach Dinard an die Kanalküste zu erreichen. Er schreibt sich meine Adresse auf. Am nächsten Morgen, in aller Frühe bereits, klingelt das Telefon: Es ist der Leutnant vom Abend zuvor.

Von nun an sehen wir uns öfter. Mit dem Frühzug kommt er aus Dinard, mit dem Nachtzug fährt er wieder zurück. Er ist groß, blond, schlank. Sein Stab ist ein Armeenachrichtenregiment, er pendelt als Kurier von der Küste nach Paris und übermittelt Botschaften, die nicht per Funk weitergeleitet werden dürfen. Wir sprechen nie über dienstliche Angelegenheiten. Einmal erzählt er mir voller Stolz von einem persönlich überreichten Bild des Feldmarschalls Manstein mit dessen eigenhändiger Unterschrift.

Hin und wieder gehen wir abends in eines der kleinen Restaurants, wo die französischen Köche köstliche Spezialitäten zu zaubern verstehen und wo ich zum ersten Mal sehe, daß man Bananen mit Gabel und Messer ißt. Ich lerne das Lido kennen, und wir besuchen das Lokal der berühmten Lucienne Boyer, die dort allabendlich das Chanson »Parlez-moi d'amour« singt. Der Leutnant redet nicht von seiner Arbeit im Stab und ich nicht von meiner in der Abteilung. Der Krieg ist weit weg. Ich habe mich in diese neue Welt verliebt und sehe, daß in den Gärten unter der tauenden Schneedecke Blumen zu sprießen beginnen.

Einmal kommt der Leutnant mit dem Auto von der Kanalküste. Wir fahren nach Versailles hinaus, besuchen das Schloß, spazieren durch den Park und fahren nach St-Germain weiter. Diesmal muß er erst am nächsten Morgen zurückkehren. So beschließen wir, abends ins »Chez Mimi Pinson« zu gehen. Den Tip für dieses Lokal hat mir Werner-Jörg gegeben, der Marinekriegsberichter, für den ich öfter zu schreiben habe. Werner-Jörg ist ein sensibler Mann. Auf seinem Schreibtisch steht ein großer stacheliger Kaktus. Kommt ihm ein Besucher zu nahe, schiebt er den Kaktus nicht zu übersehen dicht an ihn heran, und sein Gegenüber weiß, daß er in die Schranken gewiesen wird.

Im »Mimi Pinson« verkehren deutsche Offiziere mit französischen Begleiterinnen. Ich fühle mich unsicher und kann der Sängerin nicht zuhören, die singt »J'attendrais, le jour et la nuit j'attendrais toujours ton retour«. Dabei ist es mein Lieblingslied. Warum werde ich diese Beklemmung nicht los? Was sind das für Französinnen, die mit deutschen Offizieren ausgehen? Der Leutnant hatte mich auf französisch angesprochen. Den ganzen Abend sitze ich steif auf meinem Stuhl und wünsche mir, ich wäre groß und blond und sähe wie ein deutsches Mädchen aus.

Es ist spät geworden. Die Metro fährt nicht mehr, Taxen sind nicht zu haben. So laufen wir zu Fuß durch das kalte nächtliche Paris zur Avenue Henri Martin. Mich friert. Mein Begleiter zieht sich seinen Leutnantsmantel aus und hängt ihn mir um die Schultern. Als wir uns verabschieden und ich ihm sage, daß es ein schöner Abend war, nimmt er mich noch einmal in die Arme.

Bei unserem nächsten Wiedersehen erzählt er mir, daß sein Regiment aus Frankreich abkommandiert wird. Es ist der Tag, an dem auch ich weiß, daß ich an die Marine-Frontzeitung nach Bordeaux versetzt worden bin. Am Abend begleite ich ihn an seinen Zug nach Dinard, und wir versprechen uns zu schreiben. Ob ich den »Leutnant aus Paris« je wiedersehen werde? Meine Gedanken sind nicht froh, als ich durch die Straßen laufe.

Die freie Zeit vor meiner Abreise nach Bordeaux nutze ich zu Spaziergängen an den Seine-Ufern. Der späte Märzfrühling beginnt in die Stadt einzuziehen. Entlang der Seine haben sich fliegende Buchhändler etabliert, da kann man beim Stöbern kleine Kostbarkeiten entdecken. An einem solchen Buchstand spricht mich ein Mann in Uniform an. Er stellt sich vor. Ich weiß, wer Walter Kiaulehn ist. In den Berliner Zeitungen habe ich seine Artikel gelesen und mit Vergnügen seine Geschichte »Das Mädchen ohne Schwefelhölzer«. Wir beginnen ein angeregtes Gespräch. Er hat wenig Zeit und fragt mich, ob wir uns am Abend weiter unterhalten wollen. Es tut mir leid, aber ich muß ablehnen. Mein Onkel ist auf einer Dienstreise in Paris, und wir haben uns für den Abend verabredet. Walter Kiaulehn lächelt und glaubt mir den Onkel nicht. Schade, Männern wie ihm höre ich gerne zu.

Es ist einer meiner letzten Abende in Paris. Wir sitzen wir in einem größeren Kreis zusammen. Die Herren aus dem verdunkelten Berlin lassen es sich in der Lichterstadt Paris gutgehen. Man lacht, ißt und trinkt. Ich frage mich, wo sie in der kurzen Zeit die beiden Französinnen, die sie begleiten, kennengelernt haben, und sehe, wie mein Onkel sich bemüht, die charmante Mademoiselle an seiner Seite für sich zu interessieren. Die Herren haben lange Wunschlisten ihrer Ehefrauen bei sich. Ob ich ihnen morgen nicht helfen könne, Parfum, Seife, Unterwäsche, Strümpfe und Nähgarn zu besorgen? Ich sage ja und gestehe nur mir ein, daß ich mich viel lieber mit Walter Kiaulehn verabredet hätte.

Bordeaux

Bordeaux, die große, lärmende Hafenstadt, liegt nahe der Garonnemündung. Das feuchte Klima ist schon auf dem Bahnhof spürbar. Von der Kriegsberichterstelle in Bordeaux wird die Marine-Frontzeitung »... gegen Engeland« herausgegeben und über die Stützpunkte an der Kanal- und Atlantikküste den Marinesoldaten zugänglich gemacht. Hermann Löns hatte 1910 das Englandlied gedichtet, die Hitlerleute haben das Volkslied zu einer Siegesfanfare umfunktioniert. Seine Melodie dröhnt bei Sondermeldungen durchs Radio, wenn deutsche U-Boote feindliche Kriegsschiffe versenken und ihr Tonnagegewicht in Bruttoregistertonnen gemeldet wird: »... denn wir fahren, denn wir fahren, denn wir fahren gegen Engeland, Engeland!«

Von einem Hellschreiber, einer Art Fernschreiber, erhalten wir aus Berlin Informationen. Die geeigneten Nachrichten werden herausgeschnitten und für die Zeitung verwendet. Die Marinekriegsberichter sind in Film-, Bild- und Wortberichter eingeteilt. Sie verstehen ihr Handwerk. Ich habe großen Respekt vor ihnen, wenn sie erschöpft von ihren U-Boot-Fahrten heimkehren und ihnen beim Diktieren ihrer Aufzeichnungen die Worte nur so zufließen. Sie scheinen mich nicht recht wahrzunehmen, haben wohl eher Französinnen im Kopf. Ich bin ihnen noch zu jung und höre so nebenbei, daß einige »une chambre en ville« haben.

Wir sind zu zweit nach Bordeaux geschickt worden. Marianne, etliche Jahre älter als ich, Berlinerin, ist eine massige Frau. Uns wurden Zimmer im Hause einer vornehmen alten Dame in der Rue Hongrie 40 zugewiesen, die einen noch älteren Hausdiener und ein ebenso bejahrtes Hausmädchen hat. Ich fühle mich unter ihrem Dach als Gast, eine Besucherin, die eine Zeitlang hier wohnen wird. Nirgendwo spüre ich Feindseligkeit, auch ich habe keine feindlichen Gedanken. Bald liegen mal ein Apfel, Kekse oder eine andere kleine Aufmerksamkeit auf meinem

Tisch. Der Lebensstil, dieses »savoir vivre«, wie die Franzosen es nennen, gefällt mir. Ich kann nicht begreifen, warum zwischen uns und diesen Menschen Feindschaft bestehen soll. Jeden Sonntag ist der Sohn der Dame mit seiner großen Familie zum Mittagessen zu Gast, dann hört man aus den unteren Räumen lebhafte Gespräche und Lachen. Mir wird ein Familienleben vorgeführt, das ich gerne zu Hause kennengelernt hätte. Ich lasse mir nicht länger die Schuhe von dem greisen Hausdiener mit seiner grünen Schürze putzen, das will ich dem alten Mann nicht zumuten und putze meine Schuhe allein. Für welche Ideologie, Interessen, Vorstellungen sind wir in diesen Krieg gezogen? Opfern Menschen ihr Leben? Ich weiß nicht, was ich denken soll. Dieses »laissez faire« möchte ich lernen.

Mit Marianne habe ich deswegen Krach. Sie fühlt sich als Deutsche und Siegerin in diesem Haus und will ihre eigenen Gesetze einbringen. Bei jeder Nachricht von abgeschossenen gegnerischen Fliegern springt sie vom Stuhl und schmeißt die Arme hoch. Dabei kippt polternd der Stuhl um. Solchen Lärm mögen die Franzosen nicht. Das Mädchen Anni fragt mich eines Tages, ob denn Mariannes Vater auch in Bordeaux lebt. Es sei öfter ein Mann bei ihr, von dem sie behauptet, er wäre ihr Vater. Als ich erfahre, daß Mariannes Vater nicht mehr lebt, behalten die Franzosen den kleinen Schwindel für sich und lassen sie weiter in dem Glauben, wir alle seien ein bißchen dumm. Marianne mit ihrer massigen Gestalt und den Ideen von einer deutschen Herrenrasse geht nicht nur äußerlich betrachtet schwer durchs Leben. Nach Möglichkeit versuche ich , sie auf Distanz zu halten, was mir oft nicht gelingt. Wenn nicht alles läuft, wie sie es sich denkt, wird sie heimtückisch. Vor dieser Heimtücke fürchte ich mich und bin »um des lieben Friedens willen« still.

Am 6. April 1941 hören wir vom Beginn eines neuen Feldzuges gegen Jugoslawien und Griechenland. Feldmarschall Rommel ist mit seinem Afrikakorps bis an die Grenze Ägyptens vorgedrungen. »... denn heute gehört uns Deutschland und morgen die ganze Welt!« Jetzt wird mir klar, warum wir in Paris an neues Heizungsmaterial für den kommenden Winter denken mußten. Nach zwölf Tagen ist der Balkankrieg beendet, und Marianne trampelt vor Begeisterung von einem Bein aufs andere. Unsere Quartierleute ziehen sich mehr und mehr von ihr zurück.

Eines Tages liegt ein Brief von meinem Jugendfreund Alexander auf dem Tisch. Er schreibt mir aus einem Lazarett in Athen. Alexander ist als Fallschirmjäger beim Absprung über Kreta verwundet worden. Sein geplatztes Trommelfell wird im Lazarett behandelt. Soweit ginge es ihm gut, lese ich mit Erleichterung. Dann höre ich von den Zeitungsleuten, daß einige dieser Männer mit ihren Fallschirmen aufs Meer hinausgetrieben wurden und ertranken. Ich halte den Atem an.

Es ist ein heißer, schwüler und feuchter Hochsommer. Eine fiebrige Angina fesselt mich ein paar Tage fest ans Bett. Ich habe oft unter Halsschmerzen zu leiden, und das Klima macht mir zu schaffen. Etwa 60 km südlich von Bordeaux, in Arcachon, steht uns ein Haus zur Verfügung, in dem wir abwechselnd das Wochenende verbringen dürfen. Es wird behauptet, das Landhaus gehörte einem französischen General. Die Villa, unmittelbar hinter den feinsandigen Dünen, ist eine Oase. Morgens werden wir mit dem Seemannsruf »Reise Reise« geweckt, mittags tönt es durchs Haus »Backen und Banken«. Hier fällt mir der Krieg vom Körper und aus der Seele. Ich kann wieder durchatmen und will es mir gutgehen lassen. Wo steckt der »Leutnant aus Paris« jetzt?

Als ich eines Tages in die Redaktion komme, ist dort ein lebhaftes Gespräch im Gange. Ein deutscher Blockadebrecher aus Japan konnte trotz aller gegnerischer Sperren mit wertvoller Ladung an Bord unbeschadet im Hafen von Bordeaux einlaufen. Der Kapitän hat mit seinem Unternehmen ein unglaubliches Husarenstück vollbracht, und alle sprechen vom Glück der Besatzung und des Schiffes.

Der Kriegsberichter an Bord ist schon unterwegs nach Berlin und will seinen Bericht persönlich abliefern. Durch das Gespräch neugierig geworden, will ich mir das Hafengelände auf eigene Faust ansehen. Man warnt mich, der Hafen sei für Zivilpersonen gesperrt. Es liegen italienische U-Boote dort, und man rät mir ab, in diese für Frauen nicht ungefährliche Gegend zu gehen. Doch ich lasse mich nicht abschrecken und gehe mutterseelenallein zum Hafen hinunter. Kopftuch um und Regenmantel an. Es gibt in der Tat überall Absperrungen. Von weitem nur kann ich riesige Schiffskolosse und viele kleinere Schiffe erkennen.

Nun gut, den Hafen habe ich gesehen. Aber die Welt da draußen ist mir versperrt. Überall Schranken. Genau wie zu Hause. Enttäuscht und mit einem Gefühl von Traurigkeit laufe ich in die Redaktion zurück. Mit keinem der Schiffe könnte ich aus dem verriegelten Tor auf das offene Meer hinausfahren. Glaubte doch das kleine Mädchen in mir, da draußen, weit weg von hier, läge das Glück.

Täglich berichten Schlagzeilen der deutschen Zeitungen von neuen, großen Erfolgen. Allein während des Monats April haben deutsche U-Boote im Atlantik 46 alliierte Handelsschiffe mit 260,414 BRT versenkt. Im Mai sind es dann 63 Schiffe mit 349,620 BRT. Im Mai 1941 hören wir, daß Rudolf Heß, der Stellvertreter Adolf Hitlers, nach England geflogen und dort mit dem Fallschirm abgesprungen ist. Die einen reden von einer »Wahnsinnstat«, die anderen von einer »Friedensmission«. Der Krieg geht weiter. Ende Mai erobert das deutsche Afrikakorps den Halfaya-Paß und steht mit seinen Soldaten vor der libysch-ägyptischen Grenze. Wieder tönt es laut durchs Radio: »... heute gehört uns Deutschland und morgen die ganze Welt.«

Ich versuche, meine Arbeit gewissenhaft zu erledigen. Privat habe ich mich Mariannes Einfluß entzogen und in Anne eine neue Freundin gefunden. Ihrem lebenslustigen und selbstsicheren Wesen merkt man an, daß sie mit drei Brüdern aufwuchs. Sie arbeitet in einem zivilen deutschen Büro. Ohne viele Worte nimmt sie mich in ihren Kreis auf.

Anfangs scheint es mir, als spräche sie ein gutes Französisch, später aber höre ich ihre Fehler und gehe auch selbst sorgloser mit der fremden Sprache um. Manchmal bremse ich ihre Unternehmungen, dann wieder reißt Anne mich mit. Ihr fröhliches Lachen reicht für uns zwei. Sie ist keß und frech, und das gefällt mir. In unserer Freizeit sind wir viel unterwegs. Einmal fahren wir nach Biarritz. Beim Anblick des weltberühmten Seebades denke ich an eine besonders schön gemalte Theaterkulisse. Kann es so viel Schönheit geben? Es gibt sie. Auf der Heimfahrt dröhnt mir das Rauschen der Wellen im Ohr, als wollte es mir sagen: Die Welt ist so schön, und wir zerstören sie.

Während einer Fahrt nach Royan schnappt uns eine deutsche Militärstreife. Wir haben keine gültigen Papiere dabei. Die Vorschriften besagen, daß man sich nur in einem bestimmten Umkreis der Stadt Bordeaux bewegen darf. Außerhalb der Stadtgrenze braucht man einen »Laissez-passer«, einen Erlaubnisschein. Anne trägt den »Kettenhunden«, wie die Militärstreifen von den Soldaten genannt werden, dicke Lügen auf, schwindelt, was das Zeug hält, und ich mache mit. Die beiden Aufpasser lassen uns laufen, drohen aber mit einer Meldung, falls sie uns noch einmal ohne Papiere erwischen. Das ist noch einmal gutgegangen.

Royan, Hafenstadt und eleganter Badeort zugleich, liegt an der Mündung der Gironde. An den Flußufern stehen in langen Reihen die Angler und huldigen ihrem Nationalsport. Den Krieg scheinen sie zu ignorieren. Auch ich kann ihn hier fast vergessen. Von der Untergrundbewegung Resistance habe ich noch nie gehört.

Überraschend liegt eines Tages die Nachricht von meiner Versetzung zur Dienststelle »Wehrmachtbefehlshaber Südost« nach Belgrad auf meinem Schreibtisch. Kann man sich die Erfüllung eines Wunsches herbeisehnen? Ich fühle mich in der Hafenstadt und im »Klima« um Marianne seit Wochen nicht mehr wohl und bin froh, aus Bordeaux wegzukommen. Möglicherweise hatte Marianne bei meiner Versetzung ihre Hand im Spiel? Ganz sicher sogar; meine »Fraternisierung« mit den Franzosen war ihr die ganze Zeit über ein Dorn im Auge. Einmal sah sie, daß das Mädchen Anni mir ein Stück selbstgebackenen Kuchen für das Wochenende in Arcachon mitgab, und sagte kühl: »Was soll das?«

Ich sehe mich als Außenseiterin, die sich in keine Beziehung zwingen lassen will. Bei massiven Angriffen aber bin ich schnell geneigt, »um des lieben Friedens willen« still zu sein. Von zu Hause höre ich nichts. Ich weiß nicht, ob sie sich um mich sorgen, und sage niemandem, daß ich mich so unsicher fühle wie als Kind damals an der Hand meiner Mutter im Verkehrsgedränge am Potsdamer Platz in Berlin, als ich mitten auf dem Fahrdamm nicht wußte, wie ich auf die andere Straßenseite gelangen sollte.

Die Tage Mitte Juni 1941 sind schwül und wollen bis zu meiner Abreise nicht vergehen. Von Bordeaux gibt es einen Kurswagen nach Berlin. Der Zug hat Aufenthalt in Paris. »Au revoir Jardin de Luxembourg!« Ich erinnere mich daran, wie ich mit dem Leutnant durch den Park spazierenging. Wo mag er sein? Paris, die Lichterstadt im Krieg. »Il etait une fois« ... Es war einmal.

Übernächtigt von der langen Reise, klettere ich am Bahnhof Zoologischer Garten aus dem Abteil und steige in die Stadtbahn. Mir scheint, als habe sich die Welt seit meiner Abreise im November 1940 verändert. Machen es die Äußerlichkeiten, das kleine Pariser Kleid, das rote Hütchen aus Bordeaux, daß ich mich unter den Mitfahrenden fremd fühle, mir vorkomme wie ein buntes unter grauen Hühnern und das zu verbergen suche? Die Menschen anders als früher, kritischer, aufmerksamer betrachte? Ich sehe sie vor mir, diese biederen, ordentlichen, gehorsamen Dutzendmenschen. Sie sind nicht anders als ich, sie alle halten still, verschließen die Augen vor der Realität.

In den Kinos laufen die Wochenschauen mit ihren Siegesmeldungen, darunter auch Reportagen von zwei Marinekriegsberichtern, die ich kenne. Hinter beiden Namen steht ein Kreuz. Auf dem Heimweg kann ich mich nicht einmal mehr an den Inhalt des Films erinnern. Der eine war ein ausgezeichneter Fotograf, der andere ein guter Zeichner. Beide waren mir sympathisch. Sie haben versucht, sich treu zu bleiben.

Jahre nach dem Krieg traf ich zufällig in Berlin meine Kollegin Margot aus Paris wieder und hörte von ihr, daß es auch den damaligen Chefredakteur der Marine-Frontzeitung eines Tages gelüstete, selbst einen Kriegsbericht an Bord eines U-Bootes zu schreiben, und er fuhr mit den anderen »gegen Engeland« hinaus. Er war es, der meine Versetzung von Bordeaux unterschrieb und veranlaßte. Für ihn war ich ein unbedeutendes, gelegentlich vielleicht ein wenig unbequemes Rädchen. Mir war sein »Heil Hitler« zu laut. Als Margot mir vom Untergang des U-Bootes erzählte, dachte ich an seine Kinder, die im Fotorahmen auf seinem Schreibtisch in Bordeaux standen.

In meiner Erinnerung ist die Juniwoche in Berlin ein einziger langer Tag. Und dieser einzige Tag war der 22. Juni 1941. Im Radio wird als Sondermeldung der Einmarsch deutscher Truppen in die Sowjetunion bekanntgegeben. »Das ist das Ende«, ruft mein Vater an diesem Sonntagmorgen. Er hatte im Ersten Weltkrieg als einfacher Soldat vom ersten bis zum letzten Tag im Dreck an der Front gelegen. Er kannte die Strenge des russischen Winters, die schweren Schneestürme, die gefrorene Erde, die so hart war, daß nicht einmal die Gefallenen beerdigt werden konnten. Auf dem Atlas sehe ich mir die Ausmaße des riesigen Landes an und muß an das Bild im Märkischen Museum in Berlin denken, vor dem wir bei Schulausflügen standen, das gespenstische Bild vom Rückzug Napoleons und seiner geschlagenen Männer über die Beresina.

Ich bin mir ziemlich sicher, daß der »Leutnant aus Paris« mit nach Rußland hineinmarschiert.

Am Tag darauf mache ich mich auf den Weg nach Belgrad.

Serbien

Belgrad

Juni 1941. Ich bin unterwegs nach Serbien. Bewußt nehme ich erst den längeren Aufenthalt des Wehrmachtszuges in Semlin wahr. Die schmale, lange Brücke über die Save, die die Städte Belgrad und Semlin miteinander verbindet, ist zerstört. Der Zug fährt vorsichtig über eine Behelfsbrücke. Belgrad, die weiße Stadt, reckt sich an den Hügeln empor. Ich sehe zum ersten Mal das Gesicht einer vom Krieg zerstörten Stadt. Bevor deutsche Truppen am 12. April 1941 Belgrad besetzen, sind die Einwohner fünfmal aus der Luft bombardiert worden, heißt es. Man spricht von 1500 Toten.

Ich melde mich in meiner neuen Dienststelle, der Wehrmachts-Propaganda-Abteilung Südost. Der Chef dieser Abteilung, Major Dr. L., war Oberbürgermeister von Berlin, ein Herr von überdurchschnittlicher Größe mit einem scharf geschnittenen Gesicht. Er wirkt wie eine personifizierte Institution. Seine Worte sind knapp, seine Haltung auffallend gerade. Er wird mein direkter Vorgesetzter, ich arbeite in seinem Vorzimmer. Im Vergleich zu der kleinen, überschaubaren Zeitungsredaktion in Bordeaux ist die Abteilung hier ein gewaltiger Propagandaapparat. Zu ihm gehören beispielsweise der »Sender Belgrad« und die »Donauzeitung«. Herausgegeben von der deutschen Wehrmacht, vertrieben im gesamten Donauraum, informiert das Blatt die deutschsprachige Bevölkerung vor allem über das Kriegsgeschehen. Der Abteilung unterstehen auch sämtliche serbische Zeitungen, das Theater, die Oper, der Film, kurz alle Propagandamittel, außerdem die Propaganda-Kompanien in Budapest, Bukarest, Sofia, Athen und Saloniki.

Der Bürokomplex ist im ehemaligen serbischen Postministerium untergebracht, einem riesigen Gebäude mit Hunderten von Amtszimmern. Über dem Eingangsportal des Senders Belgrad hängt, für alle sichtbar, ein großes, in Serbisch geschriebenes Transparent: »Deutschland siegt an allen Fronten«. An der Fassade sind V-Zeichen angebracht, »V« für »Victory«: Wir siegen! Sie sind an vielen öffentlichen Gebäuden der Stadt zu sehen.

Die meisten Mitarbeiter der Dienststelle leben oberhalb Belgrads in dem Villenvorort Dedinje. Von dort hat man einen weiten Blick auf die diesig flimmernde Stadt, und der frische Wind hier oben ist angenehm. Am schönsten ist es in der Dämmerung, wenn die Lichter in der Stadt eingeschaltet werden. Vier von uns Frauen wohnen in Dedinje in einer Villenetage in der Rumunska uliza 16. Das Bad müssen wir uns teilen, aber jede hat ein Zimmer für sich. Ich finde bald Kontakt zu Sonja, einer jungen Frau, die mich an Anne in Bordeaux erinnert. Vor dem Haus wachsen Tannen und Zypressen. Im Obstgarten hängen Pfirsiche schwer an den Ästen und warten darauf, gepflückt zu werden. Die Sträucher drohen unter der Last der Beeren zu brechen. Der Kriegssommer 1941 scheint es gut mit uns zu meinen, und wir ernten, was es in den fremden Gärten zu ernten gibt. Borika, eine Serbin unbestimmten Alters, versorgt uns. Sie spricht Deutsch, die Verständigung ist unkompliziert. Sie ist eine Frau, die das, was man von ihr verlangt, stets freundlich tut. Ihre sanfte Stimme und ihr ruhiges Wesen erinnern mich an meine Mutter. Morgens werden wir von den Autobesitzern in die Stadtbüros mitgenommen. Nur das Nachhausekommen ist ein Problem. Der Bus nach Dedinje fährt alle Stunde. Verpaßt man ihn, muß man den Nachmittag in der glühenden Hitze der Stadt verbringen.

In der Nähe der Propaganda-Abteilung befindet sich eine der größten serbisch-orthodoxen Kirchen, die St. Markus-Kathedrale. Das Gesicht der Balkanmetropole ist geprägt durch seinen uneinheitlichen Baustil. Da steht ausgesprochen Modernes neben kleinen bäuerlichen Anwesen, viel Pompöses neben winzigen Wohnhäusern. Zunächst bin ich enttäuscht. Eine Balkanhauptstadt hatte ich mir in meiner Phantasie ganz anders vorgestellt. Paris und dies – welch ein Unterschied! Ich erschrecke, wenn ich Zigeunerinnen sehe, die auf dem Bürgersteig hocken oder sich an die Hauswand lehnen, mit entblößten Brüsten ihre Säuglinge nähren und bettelnd ihre Hände ausstrecken. Aus den Hinterhöfen strömt der Geruch von Armut.

Meinen Vorgesetzten Major L. sehe ich selten, er ist viel unterwegs. Es fällt mir schwer, in seiner Gegenwart durchzuatmen, und ich bin froh, wenn er auf Inspektionsreise ist. Die Anweisungen lauten: Ich darf nur die an die Abteilung gerichteten Briefe öffnen, persönlich adressierte gehen an Major L.s Adjutanten, der sein Büro neben meinem hat. Andere Schreiben sind an die entsprechenden Abteilungen weiterzuleiten. Ich bin verantwortlich für Terminabsprachen; wichtig ist auch, dem Chef unliebsame Besucher fernzuhalten. Major L. diktiert gut, kurz und präzise.

Um in mein Vorzimmer zu gelangen, gehe ich durch eine Schreibstube, in der mehrere Soldaten arbeiten, unter anderem auch Peter M. Er ist Schreiber, in meinem Alter und stammt aus Thüringen. Peters Freundin in der Heimat heißt Ilse wie ich. Er überträgt die Zuneigung zu ihr ein wenig auf mich und berichtet mir, was in den zahlreichen Briefen dieser Freundin steht. Durch seine Hilfsbereitschaft und sein Vertrauen entwickelt sich in mir das Gefühl, daß ich ihn jederzeit beschützen und verteidigen würde. Warum ich so denke, weiß ich nicht, niemand will Peter etwas antun. Vielleicht, weil ich mir immer einen Bruder gewünscht habe.

Ich bin noch nicht lange in Belgrad, da liegen auf meinem Schreibtisch unter den täglichen Bergen von Posteingängen etliche große Briefumschläge. Ahnungslos nehme ich die darin enthaltenen Bilder heraus und erstarre: Kriegsberichter haben Erschießungen von Partisanen fotografiert. Vor, während, nach der Hinrichtung. Jede Haltung, jede Sekunde des Sterbens ist festgehalten. Als ich die Bilder in den Umschlag zurücklege, verspüre ich den heftigen Wunsch, aus dem Büro fortzulaufen. Auch hier in Belgrad bin ich vereidigt worden, Stillschweigen über meine Arbeit zu wahren. Ich wage nicht, mich jemandem anzuvertrauen. Auch Peter M. gegenüber schweige ich.

Es kommen öfter solche Briefe. Mir ist unbegreiflich, warum man die Grausamkeit des Tötens fotografiert. Man hört, daß sich in den zerklüfteten Gebirgen größere Partisanenverbände versteckt halten und ein Oberst Mihajlovic, der die Kapitulation der jugoslawischen Armee nicht anerkennt, in Südwestserbien den Widerstand gegen die deutsche Besatzungsmacht organisiert. Anfangs öffne ich die Briefe noch, dann taste ich die Umschläge ab. Wenn ich merke ich, daß sie Bilder enthalten, lege ich sie ungeöffnet dem Adjutanten auf den Schreibtisch. Beim ersten Mal will er noch zum Reden ansetzen, unterdrückt jedoch, was er sagen möchte, und sieht mich nur an. Wir haben uns ohne Worte verstanden. Die Realität des Krieges in Serbien ist eine andere als im besetzten Frankreich. Hier herrscht kein Waffenstillstand, der Tod ist in unmittelbare Nähe gerückt.

Zum Mittag- und Abendessen ist für unsere Abteilung im Offizierskasino in einem Nebenraum ein Tisch reserviert. Wenn der deutsche Befehlshaber von Serbien in der Hauptstadt ist und mit seinem Gefolge den großen Speisesaal betritt, müssen die Herren aufstehen. Es ist ein bißchen wie in der Schulzeit, wenn der Lehrer das Klassenzimmer betrat, nur dürfen wir Frauen hier sitzen bleiben. Anfangs stehe ich verunsichert mit auf, bis mich Wandas fester Blick trifft. Sie sitzt vis-à-vis am Tisch, ihre Augen bedeuten mir: »Sitzen bleiben!« Wanda ist mehr als zwanzig Jahre älter als ich, Stabshelferin in einer anderen Abteilung, tüchtig, mäßig hübsch, dafür nicht zimperlich. Sie spricht aus, was andere nur zu denken wagen. Vor dem Krieg hat sie etliche Jahre in Casablanca gelebt und dort in der Niederlassung einer deutschen Firma gearbeitet. Sie hat mir viel an Erfahrung voraus. Ihr Mut zur Direktheit gefällt mir.

An unseren gemeinsamen Essen nimmt auch der Redakteur des politischen Teils der Donauzeitung teil. Sobald Oberleutnant M. auftaucht, wird er von Major L. in Beschlag genommen, der Stuhl an seiner Seite für ihn geräumt, und M. muß über die politische Lage berichten. Der Major selbst war früher Hauptschriftleiter der nationalsozialistischen Zeitung »Der Angriff«, ein Blatt, das so radikal war, daß mein Vater es nicht lesen mochte. Eines Tages berichtet M., daß die jugoslawische kommunistische Partei zum bewaffneten Aufstand gegen die Deutschen aufgerufen hat. Über diese »Provokation«, wie Major L. es nennt, wird während des Essens lange und erregt debattiert. Ich höre zum ersten Mal den Namen Tito.

Der Sender Belgrad ist eine mobile Radiostation, die in ganz Europa empfangen werden kann. Unter der Leitung des jungen Leutnants R. wird er zum bekanntesten Soldatensender Europas. R. beauftragt Sonderführer Richard K., den kläglichen Belgrader Plattenbestand zu ergänzen, und schickt ihn zum Sender Wien, um neue zu besorgen. Ein Sonderführer trägt die Uniform eines Offiziers, sein Dienstgrad steht zwischen Oberfähnrich und Leutnant, er ist zumeist mit Sonderaufgaben im kulturellen Bereich betraut. Richard K. läßt sich wenig Zeit zum Auswählen, weil ihn private Interessen ablenken, wie es heißt, und greift wahllos irgend etwas aus dem Bestand heraus, darunter auch die Schallplatte »Lilli Marleen«. Anfangs sendet Radio Belgrad das Lied vom »Kleinen Wachtposten« häufig, dann setzt man es wieder ab, weil man glaubt, den Hörern hänge das Lied schon zum Halse heraus. Als Reaktion kommen bald ganze Postsäcke voller Beschwerden. »Wo bleibt das Lied?« schreiben die Landser. »Wir wollen ›Lilli Marleen‹ hören!« Es wird sogar behauptet, über die Schweiz gelangten Nachrichten von englischen Soldaten nach Belgrad, die das Lied auch wieder hören wollten. Die Reichweite von Radio Belgrad ist so stark, daß auch die Soldaten des englischen

Afrikakorps ihn empfangen können. Die Männer vermissen das Lied bei ihren Patrouillengängen. Man beschließt, »Lilli Marleen« zur bleibenden Einrichtung zu machen und »sie« regelmäßig um 22.00 Uhr als Abschluß der Grußsendung für die Soldaten auf den Plattenteller zu legen. Um das Ereignis würdig zu gestalten, hebt man den festen Programmtermin des Liedes mit einer kleinen Feier im Senderaum aus der Taufe. Das Lied aus Belgrad wird zum Symbol der Verbrüderung in einer verfeindeten Welt. Nach dem Krieg, im Juni 1947, gelangte ein Teil des in Lastkraftwagen untergebrachten Senders Belgrad nach Berlin-Britz und schickte von dort das Programm des RIAS in den Äther. Noch lange trug das ehemalige Radio Belgrad einen Kosenamen: »Lilli Marleen-Sender«.

Sprecher der Grußsendung »Belgrader Wachtposten« ist Sonderführer Walter J., Schauspieler aus Berlin. Er wohnt neben uns in Dedinje. Ich frage ihn, wie ihm zumute ist, wenn seiner Stimme halb Europa zuhört. Er lacht. »Anfangs war ich unsicher, jetzt macht es mir nichts mehr aus«, sagt er. Kaum einer versäumt seine abendlichen Grußbotschaften an die Soldaten und anschließend die Melodie »… und sollte mir ein Leid geschehn, wer wird bei der Laterne stehn, mit dir, Lilli Marleen?«

Sonderführer Richard K., ein Mann mit flottem Schnurrbart, ebenfalls Berliner, dem jeglicher Mangel an Scheu fehlt, eben derjenige, der die Platten für Radio Belgrad besorgt hat, gestaltet Unterhaltungssendungen mit serbischen Künstlern. Läuft etwas schief, läßt er sich nicht aus dem Konzept bringen und fängt eine schwierige Situation mit ein paar witzigen Bemerkungen wieder auf. Eines späten Abends sitzen wir Frauen in Dedinje am Tisch beisammen und hören K.s Spätnachrichtensendung. Dr. Sch., unser Nachbar, kommt noch kurz zu uns herüber. Gerade wünscht K. allen Hörern eine gute Nacht, Dr. Sch. will sich verabschieden. Da klingt K.s Stimme noch einmal durch den Raum: »… und nun könnt ihr mich alle mal am A… lecken!« Dr. Sch., der juristisch Verantwortliche des Senders, greift zum Telefon. Sein Gesicht ist hochrot. K. gibt sich selbstsicher und erstaunt. Er habe gedacht, es sei längst abgeschaltet worden ... Etwas Gegenteiliges kann ihm keiner beweisen. Sonja kichert hinter vorgehaltener Hand. Wir alle lachen.

Eines Tages komme ich zu spät zum Mittagessen ins Casino. Die anderen sind schon gegangen. Oberleutnant M. von der Donauzeitung sitzt allein am Tisch. Ich freue mich, ihn ohne die übliche Runde anzutreffen, nicht das »Setzen Sie sich zu mir und berichten Sie uns« von Major L. hören zu müssen. Während wir dann die neuesten Informationen erfahren, mit Essen und Zuhören beschäftigt sind, wird seine Mahlzeit oft kalt. Manchmal schickt er sie zurück und verlangt ein neues, warmes Essen. Heute kann ich mich das erste Mal ungestört mit M. unterhalten. Der große Saal ist fast leer. Heimlich schaue ich auf die Uhr. Wie soll ich nach Dedinje hinaufkommen? M. bemerkt meinen Blick und bietet mir an, mich nach Hause zu fahren.

Vor unserem Haustor angekommen, frage ich, ob er sich von dem Pfirsichüberfluß im Garten etwas mitnehmen möchte. Er stimmt zu und scheint überrascht. Die Mädchen sind schon da, und wir trinken gemeinsam Kaffee. Borika kocht ihn auf türkische Art. Der Dienst beginnt erst wieder um vier Uhr nachmittags, es wird bis in die Abendstunden hinein gearbeitet. M. fühlt sich sichtlich wohl und nimmt sich Zeit zum Ausruhen. Er heißt Henner. Es ist ihm anzusehen, daß ihm die Mittagspause bei uns gefällt. Sonja flüstert mir zu: »Ein sympathischer Mann, dieser Henner!« Ich finde das auch und weiß, daß er verheiratet ist und zwei Kinder hat.

Einige Tage später lädt uns Major L. zu einem Essen in seine Privatwohnung ein, Dr. Sch., den Adjutanten, Henner und einige andere Herren. Ich fühle mich nicht wohl als einzige Frau unter den älteren Herren. Anfangs sind die Gespräche zögernd und zurückhaltend. Wieder muß Henner viele Fragen beantworten. Er berichtet, daß britische und sowjetische Truppen am 25. August 1941 die Grenze zum Iran überschritten und wichtige strategische Punkte besetzt haben. Über diesen »Neutralitätsbruch«, wie Major L. ihn nennt, debattiert man noch eine Weile. Nach dem Essen ordnet der Major an: »So, und jetzt wird mir Fräulein S. einen Apfel schälen!« Er blickt in die Runde. »Meine Frau macht das zu Hause auch immer für mich.« Seine Worten klingen nach einem Befehl. Ich versuche, meine Unsicherheit zu verbergen. Bei uns zu Hause werden Äpfel nicht geschält, es wird einfach hineingebissen. Seine Worte verlangen Gehorsam. Die Angst, wie er eine Weigerung aufnehmen würde, läßt mich verkrampfen. Ich kann mich nicht wehren. So achte ich darauf, daß die rundherum geschälte Schale nicht reißt, teile den Apfel in vier Stücke, schneide das Kerngehäuse heraus und lege die Schnitze auf den Teller. In wilder Entschlossenheit schäle ich einen zweiten Apfel und lege die Stücke zu einem Kranz zusammen. Henner sieht mir lächelnd zu. Ich versuche zurückzulächeln. Er ahnt nicht, welche Überwindung es mich kostet, dieses Apfelschälen zu überstehen.

Die Stimmung lockert sich. Der Major beginnt aus seinem Leben zu erzählen und schiebt sich Apfelschnitze in den Mund. 1929 wurden er und Goebbels zu Stadtverordneten von Berlin-Charlottenburg gewählt, zur selben Zeit war er Fraktionsvorsitzender der NSDAP im Berliner Stadtparlament. Nach der Machtübernahme Hitlers wurde er Reichskommissar und kontrollierte in dieser Funktion den Oberbürgermeister von Berlin. Er berichtet auch von seiner Arbeitslosigkeit in den zwanziger Jahren. Seine Frau verdiente damals den Lebensunterhalt für die Familie. Es habe ihm nichts ausgemacht, sagt er, die Aufgaben im Haushalt zu übernehmen, die Kinder zu versorgen, zu kochen, zu waschen und die Wohnung in Ordnung zu halten. Vom Makel der Arbeitslosigkeit habe er sich nicht gezeichnet gefühlt. Seine Frau und er hätten einfach die Rollen getauscht. Ich höre interessiert zu und staune. Meine Verkrampfung läßt nach. Mit uns am Tisch sitzt jetzt kein Regierender Bürgermeister, kein Herrscher, sondern ein sympathischer Mensch. Von dieser Seite habe ich Major L. nur dieses einzige Mal kennengelernt.

Nach dem Essen fährt mich Henner nach Dedinje und bittet mich, ihn einmal in seiner Redaktion zu besuchen. Er sieht mich an und hat etwas an sich, das mir gefällt. Schon wenige Tage später meldet er sich wieder. Er habe sich mit ein paar Zeitungsleuten aus Deutschland auf dem Kalmegdan verabredet, sagt er am Telefon. Ob ich mitkommen wolle? Major L. ist auf Inspektionsreise, ich kann freinehmen. Der Kalmegdan ist die Belgrader Burg oberhalb der Stadt, am Zusammenfluß von Donau und Save gelegen.

Es ist ein Sommertag, wie man ihn sich nicht schöner wünschen könnte. Ich bin das erste Mal auf der Burg. Wir spazieren am dicken Gemäuer der alten Festung entlang, und Henner erzählt, daß Teile noch aus der Römerzeit stammen. Vor uns eröffnet sich der Blick auf das ebene Land. Es bleibt nur wenig Zeit, weil wir mittags wieder in der Stadt sein müssen. Auf dem Rückweg fahren wir durch das historische Prinz-Eugen-Tor, am Fuße des Belgrader Zitadellenfelsens. Einer der Kollegen möchte uns ein paar geschichtlich interessante Bauten zeigen. Es geht durch die Skadarska, eine typische Belgrader Gasse, bis wir auf die Terazije einbiegen, den verkehrsreichsten Platz im Zentrum der Stadt. Henner und ich sind allein im Wagen bis auf den Chauffeur. Ein zweites Auto mit den Kollegen aus Deutschland folgt uns.

Ich sehe es als erste. Dann sieht es auch Henner und ruft dem Chauffeur zu: »Wir biegen an der nächsten Straße rechts ab!« An den Laternenmasten auf der Terazije sind Partisanen aufgehängt worden. Alte und junge, etwa zwanzig Männer.

Die Straßenbahn fährt unter ihnen vorbei. Die Füße der Gehenkten berühren sie fast. Durch den Fahrtwind bewegen sich die Toten mal nach rechts, mal nach links. Henner fordert: »Sieh nicht hin!« Aber ich will es sehen.

Es ist Mittagszeit und starker Verkehr. Wir können nicht

abbiegen und müssen halten. Da hängt ein ganz junger Mann. An seinen Füßen baumeln die typischen serbischen Schnabelschuhe, eine Art Opanken. An den Schuhen klebt noch verkrusteter Dreck. Sein Gesicht ist grau, ganz ohne Farbe. Aschgrau. Mir geht durch den Kopf, daß Gehängte die Zunge herausstrecken sollen. Das stimmt nicht. Diese hier, mit ihren Schlingen um den Hals, tun es nicht. Der nächste ist ein alter Mann mit eisgrauem Bart, er hat noch seine Mütze auf dem Kopf. Seine viel zu weiten Hosen werden durch den Gürtel gehalten.

Henner blickt zu mir herüber und ruft erneut: »Sieh nicht hin!«

Aber ich sehe hin. Ich will lernen, den Tatsachen ins Gesicht zu sehen.

So sieht der Krieg aus. Das tun Menschen Menschen an.

Ich will sehen. Hinzusehen gibt mir ein Gefühl von Verantwortung. Ich tue etwas, das ich für richtig halte.

Auf den Rasenflächen die V-Zeichen der Wehrmacht. Deutsche Soldaten bewachen den Platz. Eine unheimliche Ruhe lastet auf den Straßen. Die Caféhausbesucher schauen zu den Toten hinauf, als ginge sie das Ganze nichts an. Doch man spürt förmlich, wie es unter der Oberfläche brodelt. Wir hören, daß die Toten seit dem Morgengrauen hängen. Wer mag die Blumen, schon verwelkt, zu ihren Füßen hingelegt haben? Angehörige, die den Vater, den Mann, den Bruder da oben hängen sehen? Ein entsetzlicher Gedanke. Mit beängstigender Lautlosigkeit gehen die Menschen über die Bürgersteige. In ihren Blicken lese ich unterdrückten Haß und Widerstand. Ich wünschte, es gäbe eine Explosion. Die Erde müßte sich spalten! Ich möchte schreien! Um mich schlagen!

Beim Schreiben dieser Erinnerung muß ich innehalten. Ich lehne mich in meinem Stuhl zurück. Es fällt mir nicht leicht, über den todbringenden Sommertag auf der Terazije Auskunft zu geben.

Mit Verspätung treffen wir im Casino ein. Alle sitzen schon am Tisch. Auch Major L. ist da. Als er Henner sieht, stellt er die übliche Frage: »Herr M., was gibt es Neues? Setzen Sie sich zu mir!« Irgendwer rückt zur Seite, man geht zur Tagesordnung über. Auf dem Tisch stehen Platten mit Koteletts. Beim Anblick des Fleisches muß ich würgen und kann keinen Bissen herunterbringen. Henner ist schweigsam und auffallend blaß. Wir haben nie über Politik gesprochen. Wir haben nie über die Gehängten gesprochen. Ich weiß nicht, was Henner denkt. Daß er ein Nazi ist, glaube ich nicht. Er ist anders, sensibel, feinfühlig. Er ist Zeitungsjournalist, in der Donauzeitung berichtet er über Kriegserfolge, er verantwortet ihren politischen Teil. Und doch bin ich sicher, daß er kein Hitler-Anhänger ist. Er schwimmt mit. Das Gebot des Schweigens haben wir nie durchbrechen können.

Eines Mittags fahre ich nicht nach Dedinje, sondern gehe in die Redaktion der Donauzeitung. Ich habe mich nicht angemeldet; Henner ist nicht da. Der Lektor, ich kenne ihn nicht näher, bittet mich in sein Büro. Er ist Deutscher, seine Muttersprache Serbisch. Er ist gerade dabei, das Feuilleton der serbischen Zeitung »Borba« (»Kampf«) zu kontrollieren. Zunächst war es den Redakteuren der Propaganda-Abteilung unbegreiflich, daß eine kleine Zeitung wie »Borba« in kurzer Zeit eine so hohe Auflage erreichte. Dann kam man dahinter, daß der Kampf der Bevölkerung gegen die Besetzung ihres Landes selbst noch durch die zensierte Zeitung geführt wurde. Das Feuilleton brachte auffallend viele Fabeln, in denen von Tigern, Bären und anderen wilden Tieren die Rede war. Da war Deutschland »der Wolf«, Adolf Hitler »der reißende Wolf«. Die verschlüsselten Nachrichten wurden von »Borba«-Lesern gierig aufgenommen und weiter verbreitet.

Der Lektor versucht, den Inhalt einer neuen Fabel zu entschlüsseln, das Wort »Lamm« bereitet ihm Kopfzerbrechen. Ich bitte ihn, mir die Seite zu geben. Für mich besteht kein Zweifel, daß mit dem Lamm Serbien gemeint ist. Der Lektor tippt sich an den Kopf. »Natürlich, das ist es!« Ich klopfe mir insgeheim auf die Schulter: »Bist ein kluges Mädchen«, sage ich mir. Erst heute erkenne ich, daß ich den »Borba«-Mitarbeitern geschadet habe, daß selbst das unbedeutendste Rädchen eine Funktion hat und viele dieser Rädchen die ganze große Maschinerie ergeben. Daß auch das unbedeutendste Rädchen Schaden anrichten kann. Arglosigkeit schützt davor nicht.

Henner betritt das Büro. Der oberste Knopf seiner Uniformjacke ist geöffnet. Die Hitze ist unerträglich, der Ventilator läuft auf vollen Touren. Er lächelt, wir sehen uns an. Was mache ich hier? Bin ich nicht auf dem besten Wege, mich in Walter J. zu verlieben? Walter, der Sprecher vom »Belgrader Wachtposten«, gefällt mir. Seine Stimme fasziniert mich. Sieht er am späten Abend noch Licht im Haus, kommt er nach Sendeschluß vorbei, schlendert, romantische Verse deklamierend, durch den Garten und setzt sich zu uns auf die Terrasse. Zwischen Henner und mir ist etwas anderes. Ich kann es nicht deuten. Habe ich Angst um ihn? Oder um mich?

»Was wollen wir in der Mittagspause unternehmen?« Wir fahren hinaus aus dem Hitzekessel zum Bauernmarkt vor der Stadt. Dort herrscht buntes Leben und Treiben. Bauern hocken hinter rohgezimmerten Tischen und bieten Früchte, Gemüse, viel Mais und lebende Hühner an. Die Tiere liegen in engen Käfigen, an den Füßen gebunden, und bewegen sich hilflos. Lauthals werden selbstgeflochtene Körbe aus Weiden und kunstvoll gearbeitete Holzschnitzereien angepriesen. Junge und alte Frauen häkeln an Decken und Kissen oder sticken Blusen; unter ihren geschickten Händen entstehen kleine Kostbarkeiten. Ich lasse mich überreden und kaufe eine Decke.

Ein Bauer reitet auf einem kleinen Esel über den Markt, das Tier hat unter seiner Last schwer zu tragen. Laut lachend begrüßt er andere Marktbesucher. Hinter ihm geht seine Frau, gebeugt, einen Sack auf den Schultern. Frauen scheinen auf dem Balkan zum Lastentragen gebraucht zu werden. Eine Weile noch sehen wir uns das bunte Leben an und machen uns dann auf den Heimweg. Kurz vor Belgrad läuft, bereits aus der Ferne sichtbar, eine Frau in einem langen, dunklen Rock über die Straße. Erst rennt sie bis zur Straßenmitte, ändert dann ihre Absicht und eilt zurück. Das seltsame Verhalten der schwarzverhüllten Alten irritiert uns. Plötzlich steht sie direkt vor unserem Auto. Henner reißt das Steuer nach rechts, wir fahren über den Bürgersteig. Er kann den Wagen nicht mehr bremsen und rollt die abschüssige Parkanlage hinunter. Zwischen Bäumen und Sträuchern kommen wir schließlich zum Stehen.

Ich klettere aus dem Auto. Meine Knie zittern, doch habe ich keinen Augenblick geglaubt, daß uns etwas zustoßen könnte. Henner hastet bleich auf mich zu, nimmt mich in die Arme und keucht: »Wenn dir etwas passiert wäre, hätte ich mir eine Kugel in den Kopf geschossen!« Seine Worte versetzen mich in lähmende Furcht. In Dedinje angekommen, stehe ich noch immer unter dem Eindruck des Erlebten und erwähne den Vorfall mit keinem Wort. Ich weiß nicht, warum Henners Worte so heftig auf mich wirken.

Ein paar Tage später sitzen wir länger als gewöhnlich beim Abendessen im Casino beisammen. Man spricht ausführlich über die Kesselschlacht in Smolensk vom August 1941. 310000 russische Kriegsgefangene hat die deutsche Wehrmacht genommen. Wohin mit diesen Männern? Und wie sie versorgen? Während noch darüber diskutiert wird, wechselt Major L. übergangslos das Thema, wendet sich an die Offiziere und fragt: »Übrigens, meine Herren, haben Sie schon von dem neuen Offiziersbordell gehört? Die Leiterin soll eine Dame sein! Ganz große Klasse! Man sagt, es gäbe dort einen guten Wein zu trinken!« Es wird still am Tisch. Niemand scheint von dem Haus gehört zu haben, und wenn, gesteht es keiner ein. »Wie wär's«, fährt Major L. fort, »wenn wir das Etablissement einmal ansehen? Die Einrichtung soll teuer und elegant sein. Eben etwas Besonderes!« Einige grinsen, auch Dr. Sch. Sonja sieht ihren

Freund verstohlen von der Seite an. Jeder weiß, wenn der Chef die Bordellinspizierung anordnet, darf sich ihm niemand widersetzen.

Mich amüsiert es, die Gesichter der Männer zu beobachten. Ihre stummen Blicke. Die Ratlosigkeit. Die Augen von Sonjas Freund glänzen. Dann beschleicht mich Unbehagen. In unserer Gegenwart wird ein Bordellbesuch ausmacht. Das plumpe Benehmen des Majors, seine Frauenverachtung empört mich. Mein Körper verkrampft sich, am liebsten möchte ich aufstehen und weggehen. Doch ich bleibe sitzen. Major L. schlägt mit zwei Fingern seiner rechten Hand hart auf die Tischkante eine typische Angewohnheit von ihm, erhebt sich und sagt: »Nun, meine Herren, worauf warten wir noch? Gehen wir einen guten Schluck Wein trinken!« Alle erheben sich. Die Herren eilen an die Garderobe, ihre Mützen und die abgelegten Koppel zu holen. Im Vorübergehen raunt mir Henner zu: »Ich mache nicht mit!«

In unserer Wohnung herrscht ausgelassene Stimmung. Die gesamte Propaganda-Abteilung Südost wird eine Schiffsreise auf der Donau in Richtung »Eisernes Tor« unternehmen. Von Belgrad aus schaukeln wir vorbei an der Burg Smederevo, den Ruinen der alten Festung Golubac und weiter in Richtung Orschova, dem Dreiländereck, wo Jugoslawien, Rumänien und Bulgarien aneinandergrenzen. Sonja und ich teilen uns eine kleine Kabine. Drei Tage lang können wir es uns gutgehen lassen und liegen auf Deck in der Sonne. Kein Gedanke an den Krieg. Keine Wolke am Kriegshimmel trübt unsere Sicht. An Bord faulenzt nicht nur die fast komplette Mannschaft des Senders, auch alle entbehrlichen Zeitungsleute sind dabei. Im Liegestuhl neben mir sitzt Mercedes, sie will uns fotografieren. Walter sieht es, setzt sich zu mir und streichelt mir die Schulter. Ich möchte seine Zärtlichkeit erwidern. Aber nein, das geht doch nicht, schaltet sich mein Kopf ein. Ich denke an Henner. Und lasse die Hand sinken.

In dem kleinen rumänischen Marktflecken Orschova hält das Schiff, von dort werden wir zurückfahren. Beim Bummeln durch den Ort geraten wir in eine muntere Hochzeitsgesellschaft. Am Straßenrand stehend, lassen wir den bäuerlichen Hochzeitszug an uns vorbeitanzen. Die geschminkten, in farbenprächtige Gewänder gehüllten Rumäninnen fallen mir auf. Nicht nur die alten, auch die jungen Frauen, selbst die kleinen Mädchen tragen bunte geknotete Kopftücher, aus ihren Gesichtern leuchten uns die rotgeschminkten Wangen wie kleine Weihnachtsäpfel entgegen. Die Hochzeitsgäste halten sich an den Händen, bilden eine Kette, bewegen sich mal hüpfend, mal tanzend durch die Straßen und folgen den Klängen einer Blaskapelle. Die Musikanten tragen kleine Blumensträußchen an den Hüten.

Nach der Donaureise bringt uns Sonjas Freund einen geschlachteten Hammel ins Haus. Borika ist eine ausgezeichnete Köchin und bereitet einen saftigen Braten zu. Zu dem festlichen Mahl haben wir Gäste eingeladen. Auch Henner ist dabei. Erwartungsvoll sitzen wir um den runden Tisch. Es fällt kein Wort vom Krieg. Niemand ist da, der fragt: »Was gibt es Neues, Herr M.?« Geschickt tranchiert Sonjas Freund das Fleisch und verteilt den Lammbraten. Jemand verlangt nach einem Gewürz. Ich stehe auf und hole es aus der Speisekammer. Plötzlich steht Henner hinter mir. Erschrocken drehe ich mich um, als er plötzlich sagt: »Für dich könnte ich alles aufgeben!« Deine Ehe? frage ich stumm und wehre mich gegen seine leidenschaftliche Umarmung. Ich kann meine Angst vor seiner Heftigkeit nicht äußern und reagiere kopflos. Wir mögen uns, aber das müssen er, der Verheiratete, und ich verheimlichen. Ich höre förmlich meine Angehörigen mein Verhalten verurteilen. Die Familie im fernen Deutschland verfolgt mich bis nach Belgrad und zwingt mich zum Gehorsam.

Ich werde krank. Wieder ist es eine schmerzhafte Angina mit hohem Fieber, wie in Bordeaux. Borika pflegt mich mit Hingabe und kühlt mit ihrer kalten Hand meine Stirn. Ein Arzt wird gerufen. Er sieht meine seltsam rotgefärbte

Zunge, sagt kurz und bündig: »Sie haben Scharlach« und läßt mich sofort ins Krankenhaus schaffen. Auf der Isolierstation des Belgrader Lazaretts liege ich, von der Außenwelt abgeschirmt, sechs Wochen lang. Meine Freude ist groß, als mir nach wenigen Tagen vom Sender Belgrad mit einem Gruß von Walter ein Radioapparat gebracht wird. Ich liege im Bett, höre am Abend seine Grußdurchsagen an die Soldaten und am Ende der Sendung unverhofft seine persönlichen Grüße und Genesungswünsche an mich. Das Lied von »Lilli Marleen« erklingt. Die Schwestern stürmen in mein Zimmer und wollen mir die Neuigkeit übermitteln. Mein Herz klopft schnell und weiß sich nicht zu helfen.

Obwohl Scharlach für Erwachsene nicht ungefährlich ist, habe ich die Wochen schließlich ohne Komplikationen überstanden und darf Besuch empfangen. Als erster überrascht mich Walter in Begleitung einer Kollegin. Spontan will ich ihm die Hand geben. Er aber hat Angst, sich anzustecken, und bleibt ängstlich zwischen Tür und Angel stehen. Ich wünsche mir, sein Mut wäre größer als seine Angst. Sein Verhalten enttäuscht mich.

Nach meiner Entlassung aus dem Krankenhaus soll ich drei Wochen Heimaturlaub bekommen. Am Tag, als ich davon erfahre, besucht mich Henner. Er nimmt sich einen Stuhl und setzt sich neben mich. Er hat keine Angst. Für mich ist das die Sekunde der Entscheidung.

Henner ist merkwürdig einsilbig. Er berichtet von seiner Versetzung nach Berlin, er soll Hauptschriftleiter einer Heereszeitung werden. Von dieser Versetzung, einer Beförderung, sei er selbst überrascht worden, sagt er. Wie betroffen ich bin, liest er in meinen Augen. Das, was eben noch so leicht und schön war, ist nun der Traurigkeit gewichen. Leise sagt er: »Komm mit nach Berlin!«

Ich antworte nicht.

Mein 22. Geburtstag fällt in die Zeit meiner Rückkehr aus dem Krankenhaus nach Dedinje, und wir beschließen, den Tag zu feiern. Der vertraute Kreis ist wieder in der

Wohnung versammelt. Ein bißchen schwach bin ich noch, die Küche darf ich nicht betreten. Sonja erklärt, ich solle mich überraschen lassen. Borika trägt auf einem Tablett, liebevoll mit Zitrone dekoriert, ein Spanferkel herein. Ich schaue zu Henner hinüber. Es ist unser Abschiedsessen. Wir sehen uns an und wissen: In zwei Tagen werden wir nach Berlin fahren.

Zum Bahnhof begleiten uns die Freunde, auch Sonja ist da. Ungeduldig warten wir auf dem Bahnsteig auf meinen Koffer, den ein Auto nachbringen wollte. Der Zug aus Saloniki fährt in den erleuchteten Bahnhof ein. Wir suchen unsere Plätze. Mein Schlafwagenabteil teile ich mit einer hochschwangeren Ungarin und ihrer etwa dreijährigen Tochter. Bei ihrem Anblick fürchte ich, sie könnte während der nächtlichen Reise ihr Baby zur Welt bringen. Was sollte ich dann tun?

Die Zeit zur Abfahrt ist da, ich bin bereit, auch ohne Koffer mitzufahren. »Das kommt nicht in Frage!« Henners Haltung läßt keinen Widerspruch zu. Wir reden mit dem deutschen Zugführer. Henner sagt: »Ich warte auf wichtiges Kuriergepäck. Es muß gleich eintreffen. Ich bestehe darauf, daß Sie noch ein paar Minuten warten!« Er zeigt irgendeinen Ausweis und die Fahrkarte für sein Sonderabteil. Wie ich sein selbstbewußtes Auftreten bewundere und dabei selber ruhig und sicher werde ... Gleichzeitig fühle ich mich unbehaglich, als wir am Zug entlanglaufen und die Reisenden aus den Fenstern gucken. Jeder wird wissen, daß er meines Koffers wegen warten muß

Endlich wird das Gepäck gebracht. Eine Razzia in der Innenstadt hatte alle Zufahrtsstraßen blockiert, der Chauffeur einen weiten Umweg fahren müssen. Der Stationsvorsteher gibt das Zeichen zur Abfahrt, und der Zug setzt sich in Bewegung. Wir winken den Zurückbleibenden noch lange zu.

Belgrad bleibt hinter uns zurück. Die Zeit des Schweigens über alles, was ich erlebt und gesehen habe, über all die Dinge, die mich bedrücken und über die ich mit niemandem sprechen kann, lasse ich hinter mir. Ich bin froh, aus der Stadt herauszukommen, und wenn es auch nur für ein paar kurze Wochen ist.

Manche haben für ein gemeinsames Leben Jahre. Für uns sind es drei Novemberwochen in Berlin. Wir beide teilen die Liebe zur Literatur, vor allem zu den Büchern Tucholskys. Von Henner erfahre ich, daß auch seine Bücher am 10. Mai 1933 vor der Berliner Universität verbrannt worden sind. Wir lieben »Schloß Gripsholm« und »Rheinsberg« und beschließen, auf Tucholskys Spuren »ein Wochenende für Verliebte« in Rheinsberg zu verbringen. Das kleine märkische Städtchen nördlich von Berlin ist nur mit einer Bimmelbahn zu erreichen, die wir »Stumme Pauline« nennen. Henner und ich sind glücklich; zwischen uns scheint es keine Probleme zu geben. Aber ich weiß nicht, was werden, wie es mit uns weitergehen soll, und schäme mich der Heimlichkeiten. Den Mut, mit jemandem über Henner zu sprechen, bringe ich nicht auf. Und doch verstricke ich mich immer mehr in diese Beziehung. Henner will, daß ich in Berlin bleibe. Dazu fühle ich mich außerstande.

Ich muß ihn verlassen.

Auf meiner Rückreise nach Belgrad unterbreche ich die Fahrt für einen Tag und besuche in Prag meine Schulfreundin Helen. Sie läuft mit mir durch die winkligen Gassen und zeigt mir ihre Stadt. Ihr Schwager hat eine einflußreiche Position in einem kriegswichtigen Amt, Helen arbeitet im Büro des Schwagers und wohnt im Hause ihrer Angehörigen. An meinen Reaktionen auf ihre Äußerungen merke ich, daß ich mich verändert habe. Helen redet über den Haushalt, das Essen, die Kinder der Schwester und das tschechische Dienstmädchen. Von ihrer Arbeit erzählt sie kaum. »Ich beneide dich um dein Leben!« sagt sie. »Deine Hände riechen niemals nach Abwaschwasser!« Recht hat sie schon. Um Haushalt und Kochen brauche ich mich nicht zu kümmern, dafür sorgt der große Suppentopf der deutschen Wehrmacht. Aber sie weiß nichts von dem, was ich erlebe, welchen Preis ich dafür zahle, daß meine Hände nicht nach Scheuerpulver riechen. Ich habe einen anderen Weg eingeschlagen. Über das, was mich bewegt, darf ich nicht sprechen. Ich bin zum Schweigen verpflichtet.

Während meiner Abwesenheit ist der große Verwaltungsapparat in Belgrad verkleinert worden. Mein Platz im Vorzimmer wurde gestrichen, einen Teil meiner Arbeit erledigt jetzt der Adjutant des Majors. Die Briefe tippt jemand aus der Schreibstube. Major L. ist tagelang abwesend und kontrolliert die verstreuten Propaganda-Kompanien auf dem Balkan.

Ich vermisse die Gesichter der Soldaten aus unserer Abteilung. Sie sind an die Ostfront versetzt worden. In den Zeitungen mehren sich die Todesanzeigen. Nur Peter M.s vertrautes Gesicht begrüßt mich beim Wiedersehen. Die Wohnung in Dedinje wurde aufgelöst. Sonja und ich leben jetzt in der Stadt in einem Hochhausappartement und teilen uns zwei winzige Zimmer.

Ich verstecke mein Gesicht hinter einer Maske von Gleichgültigkeit, tarne mich mit Lippenstift und Puder. Alle sagen, das sieht gut aus. Ich hoffe, daß so die Haut dicker ist und niemand meine Traurigkeit erkennen kann. Bei Tisch informiert uns keiner mehr über die politische Lage; Henners Platz bleibt leer. Wir hören, daß die Japaner am 7. Dezember 1941 die Pazifikflotte der Amerikaner in ihrem Hauptstützpunkt, dem Hafen von Pearl Harbour, überfallen und ihnen einen vernichtenden Schlag zugefügt haben. Hitler und Mussolini nehmen dies zum Anlaß, den Amerikanern den Krieg zu erklären. Nun hat Deutschland noch einen Gegner, und zwar einen sehr starken. Ich habe Angst. Was wird jetzt auf uns zukommen?

Ich arbeite von nun an für Dr. Sch. Er ist Sonderführer und kontrolliert das Theater, die Oper, Ballett und Varieté. Vor dem Krieg hatte er in Berlin selbst mit dem Theater zu tun, und er weiß von den Nöten, mit denen Künstler in einem besetzten Land zu leben haben. Die Theaterleute bevölkern unser Büro, um Beschwerden und Klagen vorzutragen, erhalten Ausweise und stellen Anträge für Reisen auf dem Balkan. Es geht sehr lebendig zu. Die Schauspielerinnen begreifen schnell, daß sie mehr erreichen, wenn sie Sch. schöne Augen machen, und die Tänzerinnen wissen, wie sie am vorteilhaftesten ihre Beine ins Licht rücken. Machen sie ihm zuviel Theater, kann er ihre Rivalität untereinander nicht mehr ertragen, läuft er schimpfend aus dem Zimmer und ruft mir zu: »Halten Sie mir die Weiber vom Halse!«

Wiederholt kommt ein Mann vom Varieté in Sch.s Büro, der sich »Zauberkünstler« nennt. Er ist etwa 40 Jahre alt und holt sich bei unserer Dienststelle Reisegenehmigungen. Er spricht mehrere Sprachen und scheint sehr gebildet zu sein. Seine höflichen Umgangsformen fallen uns auf. Eines Tages ist er wieder da und muß in Sch.s Vorzimmer warten. Meist sprechen wir bei diesen Gelegenheiten über unsere gemeinsame Liebe, das Ballett. Manchmal freut er sich über die frischen Blumen am Fenster und sagt mir das. Heute ist es anders. Er kommt unvermittelt auf mich zu, tritt ganz nah an mich heran und flüstert schnell: »Sie gehören nicht hierher. Kommen Sie mit mir!« Ich weiß seine Worte nicht zu deuten und sehe ihn hilflos an. Er lächelt, und sein Lächeln verunsichert mich noch mehr. Mein Herz beginnt zu pochen. Dieser Mann soll ein Zauberkünstler sein, der von Varieté zu Varieté zieht? »Sie gehören nicht hierher«, sagt er noch einmal und blickt mich fest und ruhig an. Zwischen diesem Mann und mir besteht eine geheimnisvolle Verbindung, die ich nicht deuten kann. Wer ist dieser Mensch? Seine Worte dröhnen in meinem Kopf. Da geht auch schon die Tür auf, und Sch. bittet ihn herein.

Ich habe kein Wort herausbekommen. Ich habe Angst vor diesem Unbekannten, Angst vor meiner heftigen Reaktion auf seine Worte, vor dem, was auf mich zukommen könnte, wenn ich mich auf ein Gespräch mit ihm einließe. Fürchte ich, er könnte mich überreden? Dann käme ich aus dem Schlamassel hier heraus! Und in einen viel größeren hinein, warnt mich mein Verstand. Aber nein, zu diesem Schritt wäre ich viel zu feige, sagt mir eine innere Stimme.

Den ganzen Abend denke ich über das Gespräch mit diesem seltsamen Mann nach. Am nächsten Morgen deute ich meine Zweifel an seiner Identität Sch. an, behalte aber seine Aufforderung für mich. Aus verschiedenen Andeutungen habe ich herausgehört, daß Sch. kein Nazi ist. Als ich ihm zum Beispiel erzählte, daß ich nicht im BDM war, erwiderte er kurz: »Na, ist das etwa schlimm?« Sein Gesicht zeigt keine Spur von Überraschung, als ich ihn nach dem »Zauberer« befrage, und seine Antwort klingt gleichgültig: »Ob er Zauberkünstler ist, weiß ich nicht.« Er macht wie so oft eine wegwischende Handbewegung. »Seine Papiere sind jedenfalls in Ordnung. Er besitzt zwei gültige Pässe: einen serbischen und einen ungarischen.« Und fügt hinzu: »Maßanzüge aus feinsten englischen Stoffen, wie sie dieser Zauberer trägt, möchte ich auch besitzen!« Seine Antwort machte mich stutzig. Sch. läßt die Dinge auf sich beruhen. Politik und Krieg interessieren ihn wenig. Sein Augenmerk liegt vor allem darauf, sich das Leben bequem und ohne Komplikationen einzurichten. Er scheint kein weiteres Interesse an dem Mann zu haben, ganz gleich, wer er sein mag.

Im Büro lerne ich auch Nina K. kennen, eine ehemalige Primaballerina aus dem Ensemble der Pawlowa. Wir mögen uns sofort. In ihrer dunklen, zu ebener Erde gelegenen Hinterhofwohnung erinnern verwelkte Kränze, Schleifen, Bilder und Briefe an ihre Vergangenheit, an die Jahre, als die Pawlowa mit ihrer eigenen Truppe durch Europa reiste und Nina als Primaballerina Triumphe feierte. Anna Pawlowa war die berühmteste Tänzerin ihrer Zeit. Heute verdient Nina ihren Lebensunterhalt als Operationsschwester, arbeitet vormittags im Krankenhaus und bildet nachmittags in einem dafür hergerichteten Raum ihrer Wohnung den Ballettnachwuchs der Belgrader Oper aus. Sie ist Russin und spricht ein ausgezeichnetes Deutsch. Ich kann nicht genug hören, wenn sie aus ihrem aufregenden Leben erzählt.

Nina K. besorgt mir eine Eintrittskarte für das serbische Nationalballett. Die Belgrader Oper ist ein bißchen verstaubt, viel roter Plüsch, hat aber eine festliche Atmosphäre. Die Tänzer begeistern uns mit ihrem Nationaltanz, dem »Colo«. Das Publikum fordert immer neue Zugaben und hört nicht auf zu applaudieren. Die Ausdruckskraft und Stärke dieses Tanzes, die ich bis in meine Parkettreihe spüre, raubt mir den Atem. Wie soll diese Macht und Energie aufzuhalten sein? Voller Beklemmung laufe ich in meine Wohnung. Die Angst vor diesem Krieg läßt mich nicht mehr los.

Sch.s Freundin ist ein hübsches Mädchen vom Belgrader Opernballett, eine Schülerin von Nina K. Ihr Vater dürfe von einer Beziehung zu Sch. nichts wissen, vertraut sie mir an, sonst würde sie aus dem Haus geworfen. Sie träumt von einer Ballettkarriere in Deutschland. Später habe ich erfahren, daß sie Sch. beim Rückzug der deutschen Truppen aus Serbien gefolgt ist und 1945 bei einem Bombenangriff auf Berlin ums Leben kam.

Weihnachten fährt Major L. zu seiner Familie nach Berlin, auch andere Familienväter haben Heimaturlaub. Sonja und ich übernehmen es, den Gemeinschaftsraum im Büro zu schmücken. Meine Gedanken wollen nicht bei der Sache bleiben und laufen nach Berlin. Peter M. aus der Schreibstube schenkt mir am Heiligen Abend ein Büchlein »Thüringer Schnozeln« und schreibt mit seiner Kinderhandschrift hinein: »Dir zur Weihnachtsfreude«. Peter und ich begegnen uns zurückhaltender, seit ich in Berlin war; er liest mir kaum noch aus den Briefen seiner Freundin vor, und ich gehe seltener auf ihn zu.

Henner schreibt aus Berlin. Am Anfang steht immer die Frage: »Wann kommst Du? Hast Du etwas unternommen?« Ich habe nichts unternommen und denke an zu Hause. Wenn sie dort von meiner Unmoral erfahren … Niemand ahnt, wie schwer es ist, feige zu sein.

Anfang Januar 1942 sind die Straßen in Belgrad tief verschneit. Ich laufe durch die kalte, abendlich erleuchtete Stadt. Der frische Schnee knirscht unter meinen Füßen. Die Auslagen in den noch weihnachtlich geschmückten Schaufenstern sind mit Lederwaren, wertvollen Uhren und teuren Textilien dekoriert. Ich überlege mir, wer wohl die Käufer sind, die diesen Luxus bezahlen können, und kann mir keinen vorstellen.

Ich bin auf dem Weg zur Schneiderin und habe einen Brief vom »Leutnant aus Paris« in der Tasche. Wie er schreibt, hat er versucht, mich zu Weihnachten anzurufen; auf dem Weg von der Schaltstelle in Belgrad zu unserer Abteilung ist das Gespräch wohl verlorengegangen.

Daß man aus dem fernen Rußland bis nach Belgrad miteinander telefonieren kann, erscheint mir wie ein kleines Wunder. Der Leutnant dient in einem Armeenachrichtenregiment und kann so solche Wunder vollbringen. Wo er steckt, weiß ich nur ungefähr. »Wir haben den Dnjepr überschritten«, schreibt er und daß er gesund ist.

Bei meinem Besuch bei der Schneiderin liegt ihre Tochter blaß und schmal in ihrem Bettchen und blickt mich müde aus den Kissen an. Die Schneiderin fragt, ob ich ihr etwas vorlesen möchte. Die Kleine höre mich gerne sprechen. Also setze ich mich an das Kinderbett und lese dem serbischen Mädchen etwas aus einer deutschen Zeitung vor, während seine Mutter nebenan auf der Nähmaschine rattert. Das Kind versteht kein Wort, lauscht aber andächtig der fremden Vorleserin. Ich erinnere mich, daß ich später beschwingt durch die Straßen zurückgelaufen bin. Freude überkommt mich. Ein kleines serbisches Mädchen mag meine Stimme. Draußen werden Eisenbahnzüge in die Luft gesprengt, und deutsche Soldaten und serbische Partisanen erschießen einander.

Walter gesteht mir: »Sollte ich an die Front versetzt werden, weiß ich, daß ich nicht mehr zurückkehre!« Nur wenige sprechen von ihrer Angst, die meisten verschweigen solche Gedanken.

Ein Brief von Henner. »Um Gottes willen - was ist los? Warum meldest Du Dich nicht?« Ich weiß nicht, was ich auf seine Fragen antworten soll.

»Sie gehören nicht hierher!«

Wohin gehöre ich? Ich weiß es nicht.

Wir haben den Zauberer seit jenem Gespräch nicht mehr gesehen.

Wenig später liegt meine Versetzung zur Dienststelle »Wehrmachtbefehlshaber Ukraine« nach Rowno auf meinem Schreibtisch. Man hat mich nach dem Osten versetzt, dorthin, wo der Krieg am härtesten ist. Ich weiß nicht, wo Rowno liegt. Nach längerem Suchen auf der Landkarte entdecke ich den Ort in Wolhynien, im früheren Polen. Ich kann mir nicht vorstellen, was mich in der Sowjetunion erwartet, fühle mich wie auf der Landkarte hin und her geschoben. Resigniert nehme ich Abschied von meiner Zimmergenossin Sonja, von Peter und Walter. Ich laufe zu Nina K., der Primaballerina, um ihr Lebwohl zu sagen. »Genieße den Augenblick«, gibt sie mir mit auf den Weg.

Zehn Tage bleiben für Berlin. Wir treffen uns vor dem S-Bahnhof Savignyplatz. Da steht er vor mir und stubst mich auf die Nase: »Die ist ja noch genau wie früher!« Ausgerechnet meine Nase, die ich nicht leiden kann, erwähnt er in diesem Augenblick. Ich bin wieder eine Frau, gehe leichtfüßig an seiner Seite und bin glücklich. Er lädt mich in ein Restaurant ein und gesteht: »Als du mich aufgefordert hast, Pfirsiche im Garten zu pflücken, habe ich mich in dich verliebt!« Er fragt mich aus, will wissen, was die Kollegen aus der Zeitung tun und was Major L. treibt. Henner weiß noch nicht, daß nun auch einer der Freunde aus Belgrader Zeit an die Ostfront versetzt wurde. Ich erzähle von meiner Arbeit mit Sch. und dem bunten Künstlervolk in seinem Büro. Er bittet mich wieder: »Bleib!« Die Verbote in mir sind so übermächtig, als spürte ich die Ohrfeigen meines Vaters.

Wir versuchen, seine karg möblierte Wohnung zu verschönern. Einziges Requisit dabei ist eine Kerze. Die Wirtin darf von meiner Anwesenheit nichts erfahren. Henner hält mich versteckt. Ich laufe auf Katzenpfötchen durchs Zimmer. Erst ist es prickelnd. Dann bedrückt es mich, daß ich nicht gezeigt werden darf. Wir sind nervös und angespannt. Schließlich rebelliert mein Stolz. Dieser Stolz bohrt und nagt und will sich nicht der Liebe unterwerfen. Auch Henner scheint nicht frei von Angst zu sein. Schon am frühen Morgen greift er nervös zur Zigarettenschachtel und raucht hastig.

Henner geht mit mir zu Kempinski. In einem kleinen Hinterzimmer gibt es Schnecken, Muscheln und Krebse. Lächelnd weist er meine Lebensmittelmarken zurück, diese Kostbarkeiten gibt es hier ohne Marken. Er zeigt mir, wie man mit dem Besteck umgeht. Auf dem Tisch flackert eine Kerze. Wir sitzen uns gegenüber und können das Schweigen genießen, denken nicht an Bomben. Der Krieg ist auf der Straße geblieben. Die Tür nach draußen haben wir verriegelt.

Mir ist, als dürfte ich mir nicht mehr als zehn Tage mit ihm gönnen, als wäre das schon unbescheiden. Sprich mit ihm, sagt es in mir … Aber ich habe es nicht gelernt, über Gefühle zu reden.

Diese tiefe Traurigkeit beim Abschied. Das Wichtigste bleibt ungesagt.

Gebote und Verbote: Ich darf keine Ehe zerstören.

Es ist mir nicht leichtgefallen, über die Zeit in Belgrad, über den tödlichen Sommertag auf der Straße im Zentrum der Stadt zu schreiben. Noch Jahre danach wurde ich das Bild der Gehenkten nicht los. Es gab keinen Menschen, mit dem ich über meine Ängste sprechen konnte. Alle Briefe aus der Zeit des Krieges habe ich zerrissen. Ich merkte zu spät, daß ich den Krieg auf diese Weise nicht loswerden konnte. Als ich lernte, über die Vergangenheit zu sprechen, lernte ich auch, mich zu befragen und mich nicht mehr zu schämen, wenn ich über den Krieg sprach.

Ukraine

Rowno

März 1942. Der Zug rollt nach Osten. Die Abteile sind mit Männern in Parteiuniform und Zivilisten besetzt. Ich hocke in meiner Ecke, fahre mit. Zwischenstation ist Lemberg. Lemberg, jetzt Hauptstadt der westlichen Ukraine, gehörte früher zur österreich-ungarischen Donaumonarchie. Für die Übernachtung suche ich mir ein Zimmer, es ist klein und feucht. Ich achte auf jedes Geräusch, bin unruhig, verriegle die Tür und schließe das Fenster. Ich habe Angst, daß hier etwas passieren könnte. Etwas Ähnliches wie am 3. September 1939 in Bromberg, dem Tag, der als »Blutsonntag von Bromberg« in die Geschichte einging. Ich las damals in den Zeitungen von Verfolgungen der Deutschen in Polen, von Hinrichtungen. Am selben Tag erfolgten die Kriegserklärungen von England und Frankreich, am 10. September 1939 dann wurden auf Befehl Hitlers auf dem Bromberger Marktplatz polnische Geiseln erschossen. Und da ist die Erinnerung an den Bruder meines Großvaters, von dem ich als kleines Kind hörte. Er besaß vor dem Ersten Weltkrieg ein Hotel in Bromberg und entschied sich, aus welchen Gründen auch immer, für Polen zu optieren. Seine deutschen Landsleute rächten sich, banden ihn mit den Armen an eine Deichsel und ließen ihn von galoppierenden Pferden mitschleifen. Er starb wenige Augenblicke, nachdem man ihn vor seiner Haustür niedergelegt hatte.

Am nächsten Morgen bleibt reichlich Zeit bis zur Weiterfahrt. Ich schlendere durch die Straßen. Die Häuser, Gassen und Parkanlagen erinnern an die Städte Österreichs. Am Abend steige ich wieder in den Zug. Mich fröstelt während der nächtlichen Reise, ich kann nicht schlafen. In meinem Abteil sitzen »Goldfasane«, Parteibeamte aus dem Ostministerium. Sie tragen diesen Namen wegen ihrer auffallend gelblich-braunen Uniformen und ihres anmaßenden Auftretens. Sie werden die Verwalter der Ukraine sein; ihre Aufgabe ist es, die Wirtschaft in Schwung zu bringen. »Unsere Zukunft liegt im Osten« heißt die Parole der Partei. Gauleiter Erich Koch hat sechs Generalkommissariate in der Ukraine eingerichtet. »Wir sind ein Volk ohne Raum geworden. Mit dem Versailler Vertrag hat man uns die Kolonien genommen«, sagte unser Lehrer im Geschichtsunterricht. »Ihr könnt stolz darauf sein, als deutsche Mädchen an der großen Zukunft teilzuhaben«, unsere Französischlehrerin. Worauf bin ich stolz? Ich sitze in der Nacht in diesem Zug, der mich nach Osten bringt, und weiß nicht, was mich erwartet.

Am frühen Morgen des folgenden Tages treffen wir in Rowno ein, einer Stadt mit wechselvoller Geschichte. Vor dem Ersten Weltkrieg war sie polnisch, jetzt gehört sie zur Ukraine. Der Zug hält auf einem winzigen Bahnhof. Vom Fenster aus sind zwei, drei unscheinbare Bahnhofsgebäude zu erkennen, andere Häuser erst in der Ferne sichtbar. So trostlos habe ich mir diesen Ort nicht vorgestellt. Ich erinnere mich an meine Ankunft in Frankreich, damals in Paris ... Während ich noch unschlüssig auf dem Bahnsteig stehe, mich umschaue, wie ich in die Stadt gelangen könnte, treten zwei Soldaten durch die Bahnhofstür. Auf ihren Schultern tragen sie einen Sarg. Von allen Seiten werden die Arme zum Hitlergruß erhoben. Was soll ich tun? Auch ich will diesem Verstorbenen, wer es auch sein mag, meinen Respekt erweisen, aber alles in mir sträubt sich, angesichts eines Toten den Hitlergruß zu gebrauchen. Ich gehe an dem Sarg vorbei, neige meinen Kopf und drehe mich weg. Die Soldaten heben den Sarg in den Zug. Mir wird heiß. Was denken die Leute von mir? Hoffentlich hat mich niemand beachtet! Eine unbestimmte Angst lähmt mich. Schließlich spreche ich einen Soldaten an, der mich und mein Gepäck auf einem klapprigen Lastwagen mitnimmt. Wortlos fahren wir die lange, graue Straße nach Rowno hinein.

Meine neue Dienststelle nennt sich »Kommandeur des Streifendienstes« und erfüllt quasi die Funktion einer Polizei für die kämpfenden Truppen. Mein neuer Chef ist Oberst B., der ehemalige Kommandeur eines Infanterieregimentes, das bis auf wenige Mann im Osten vernichtet wurde. Hier nennt man das »aufgerieben«. Jetzt hat Oberst B. in Rowno eine Stelle als Kommandeur des Streifendienstes Ukraine. Die Soldatenstreifen der Dienststelle kontrollieren unter anderem auf Bahnhöfen die Papiere von Soldaten, prüfen die Urlaubsscheine von Fronturlaubern, machen Dienst an den Verkehrsknotenpunkten und weisen den Nachschubtransporten die jeweiligen Richtungen. Sie sorgen für Ruhe und Ordnung im Hinterland der Front. Ich denke wehmütig daran zurück, wie Soldatenstreifen Anne und mich in Royan ohne Passierscheine erwischten. Wie harmlos war das damals noch.

Oberst B. ist mir sympathisch. Was mir sogleich auffällt, sind seine freundlich-kritisch blickenden Augen und seine Glatze, die mich an meinen Vater erinnert. Ich mag Glatzen. B. trägt ein Ritterkreuz; sein Etappenposten ist wohl als verdiente Ruhepause für ihn gedacht. Er hat ungewöhnlich viel Privatkorrespondenz zu beantworten, fremde Menschen, ja ganze Schulklassen aus seinem Heimatort schreiben ihm. Niemand in der Dienststelle spricht über den Grund seiner Popularität, alle scheinen zu wissen, wofür B. die hohe Auszeichnung verliehen wurde. Ich wüßte es auch gern, frage aber nicht. Einmal sagt Oberst B. unvermittelt zu mir: »Es freut mich, daß Sie nicht neugierig sind.« Nun stelle ich die Frage erst recht nicht.

In unserer Dienststelle beim »Kommandeur des Streifendienstes« gibt es einen freundlich eingerichteten Gemeinschaftsraum. Irgendwer hat kunstvoll an die Wand gepinselt »Münchhausen reitet durch das Haus und breitet seine Possen aus« und ein Bild von Münchhausens Abenteuern daruntergemalt. Was sich der Künstler bei dieser Raumgestaltung, hier in einem ukrainischen Nest, wohl gedacht haben mag?

Zu besonderen Anlässen, zum Beispiel bei Geburtstagsfeiern, versammeln sich alle Mitarbeiter der Dienststelle, vom Gefreiten bis zum Kommandeur. Anfangs fühle ich mich unter den vielen Männern unbehaglich. Ich bin die einzige Frau in der Abteilung und darum jedesmal froh, wenn Oberst B. zwei oder drei Schwestern aus dem Lazarett dazu einlädt und persönlich die Sitzordnung arrangiert. Bei einer dieser Feiern versuche ich dem Oberst zu erklären, daß es in seinem Büro anders zugeht als bei Major L. in Belgrad. Hier spricht jeder mit jedem freundlich, niemand kommandiert. Es herrscht ein angenehmes Klima. Und doch ist alles anders als in Belgrad, kein Theater, kein Ballett, keine Oper mehr.

Die Arbeit wird schnell zur Routine. Kein Vergleich mit dem abwechslungsreichen Bürodienst in Belgrad. Ich sitze am Schreibtisch, sichte, tippe, suche, will Ordnung in den heillosen Papierkrieg bringen und schaffe das auch. Bald arbeite ich selbständig. Was ich eigentlich damals genau gemacht habe, weiß ich heute nicht mehr. Ich wünschte, ich wüßte es. Aber sosehr ich mich auch quäle, ich kann mich nicht erinnern.

Das Stabsgebäude, in dem unsere Dienststelle arbeitet, ist ein mehrstöckiger Bau. Von meinem Bürofenster aus kann ich in den Hof des kleineren Nebenhauses sehen. Dort arbeitet, von einer weißen Mauer umgeben, der SD, der Sicherheitsdienst. Der SD ist der umfassendste Überwachungsapparat im Staat. Ich stehe an meinem Schreibtisch, blicke in den Hof und sehe, wie ein Mann mit dunklem Bart aus der Tür geführt und von zwei Soldaten an die Hauswand gestellt wird. Hastig, nur angedeutet, schlägt er ein Kreuz. Dann richten sich zwei Gewehrläufe auf ihn. Bevor ich begreifen kann, was geschieht, wird der Erschossene bereits auf eine Trage gelegt. Beim Abtransport schleift ein Arm des Toten über das Pflaster. Vor der Haustür stellen die Soldaten die Trage ab. Ich will meinen Körper vom Fenster zerren. Meine Beine können sich nicht bewegen. Mein Herz schlägt laut. Mein Kopf warnt: »Bleib ruhig. Schweig, sonst wird es dir auch so ergehen!« Da tritt Oberst B. ins Zimmer, sieht mich und fragt: »Was ist los?« In meinem Kopf überschlagen sich die Worte, aber ich bleibe stumm. Er fragt noch einmal: »Was ist passiert?« Geht ans Fenster, sieht in den Hof hinunter. »Gehen Sie spazieren. Irgendwohin! Am besten, Sie denken nicht mehr daran!« sagt er.

Ich lerne einen Kriegsgerichtsrat kennen. Achim fällt mir auf wegen seiner stets gedrückten Haltung und seines gequälten Gesichtsausdruckes. Er ist etwa 40 Jahre alt, verheiratet, Jurist. Wir sprechen über seine Arbeit und unser Leben hier in der Ukraine. Achim macht sich Gedanken über den Krieg, den Deutschland führt. Was wird uns dieser Krieg noch bringen? Oft kommt er mit seinen Akten unter dem Arm vom Oberbefehlshaber, verzweifelt, wenn dieser wieder ein Todesurteil unterschrieben hat und er ihn nicht überzeugen konnte, den Fahnenflüchtigen zur Bewährung in ein Strafbataillon zu schicken. Auch das bedeutet in den meisten Fällen den sicheren Tod, aber einen »ehrenvollen vor dem Feinde«. Es ist, als kreide sich Achim jedes abgelehnte Gnadengesuch als persönliches Versagen an, über das er sich Rechenschaft abzulegen habe. »Ich komme aus einem Pfarrhaus und bin nach dem obersten Gebot des Christentums ›Du sollst nicht töten‹ erzogen worden«, sagt er. In solchen Momenten sieht er ganz alt aus. Von Zeit zu Zeit begegnen wir uns auf der Straße. Kommt er vom Oberbefehlshaber, sehe ich sein klitschnasses Haar, sein müdes Gesicht, dampft der Geruch von Schweiß aus seiner Uniformjacke, und ich weiß, daß sein Ringen um ein Menschenleben wieder vergeblich war.

Manchmal muß er bei Erschießungen anwesend sein. Die Deserteure sind durchweg junge Männer. »Da war ein Soldat, ein halbes Kind noch«, erzählt er mir eines Tages.

»Er wollte keinen ehrlosen Tod sterben. Mit seiner Kinderstimme rief er, schon an der Wand, seinen Kameraden zu: »Es lebe mein deutsches Vaterland!« Ich bin verzweifelt, wenn ich das höre, und stehe ganz auf der Seite des Deserteurs. Im Hause meiner strenggläubigen Großeltern hieß es: »Wer am Kreuz stirbt, wird selig.« Achim sagt: »Man ist auf der Welt, um zu leiden!« Seine Angst macht meine Angst noch größer. Ich versuche, mich nicht in seine Depressionen verstricken zu lassen. Das ist schwer, denn er möchte sich mit mir aussprechen und sucht meine Nähe. Ich bin nicht die Frau, die er in seiner Situation braucht. Ich möchte so gerne einmal einen heiteren Menschen um mich haben. Doch hier gibt es keine heiteren Menschen.

Wir sind in Rowno etwa 20 Stabshelferinnen unterschiedlichen Alters. Die einen arbeiten im Stab Ia, der die Verpflegung, die Kleidung und den Urlaub der Truppen regelt, die anderen im Büro des Stabs Ib, der den gesamten Nachschub an Heeresgut wie Munition und so weiter organisiert, oder im Stab Ic, der für die operative Planung verantwortlich ist. Die Frauen in den Vorzimmern um den Befehlshaber Ukraine sind teilweise Adlige, haben ihren eigenen Kreis und bewohnen ein eigenes Haus. Wir leben zu zehnt zusammen. Um uns kennenzulernen, veranstalten wir im Gemeinschaftsraum ein kleines Fest. Wir kochen und besorgen Getränke. Niemand von uns spricht über den Krieg, den Einmarsch in die Sowjetunion. Mit keinem Wort wird erwähnt, was draußen passiert, was kommen könnte. Die Front ist weit weg.

Mit uns im Haus wohnt die Stabshelferin Ditha B. Sie prahlt gern. Eines Tages sagt sie: »Vor dem Krieg bin ich in geheimer Mission mit der Transibirischen Eisenbahn nach Tokio geschickt worden!« Anfangs nehmen wir ihr Gerede ernst, bis wir merken, daß sie sich interessant machen will. Von ihrem Chef »Besen« genannt, liegt sie bald mit dem einen, bald mit dem anderen im Streit. Als sie wieder einmal von ihrer »geheimen Mission« berichtet, bin ich es leid und sage unwirsch: »Hör auf mit diesem Blödsinn!« Sie sieht mich erschrocken an und geht aus dem Zimmer. Erleichtert denke ich: »Gott sei Dank, die bin ich los.« Aber ich hatte mich geirrt. Wir trafen uns sogar noch einmal nach dem Krieg. Als ich Ditha erzählte, daß ich während meines Jahres in der Ukraine heimlich den Moskauer Rundfunk abgehört habe, sagte sie kalt: »Wenn ich das gewußt hätte, hätte ich dich gemeldet.« Mir verschlug es zunächst die Sprache. Auf mein empörtes »Pfui Teufel« räumte sie ein: »Na ja, vorher hätte ich dich gewarnt.«

Nach einiger Zeit bekomme ich eine Zimmergenossin. Als ich mein Zimmer betrete, stehen Parfümflaschen und Flakons auf der Kommode. Es duftet nach teurer Seife. Ich bin neugierig, wer sich in diesem wolhynischen Kleinstadtnest mit so einem Duft ankündigt. Die Tür geht auf, und Ellen tritt herein, sehr groß, sehr schlank, sehr schön! Mein erster Gedanke ist: »Mein Gott, was will sie hier?«

Mit Ellen läßt es sich leben. Ich mag sie. Ihre Offenheit verblüfft mich, und ich weiß, woran ich bei ihr bin. »Warum bist du ausgerechnet hierher gekommen?« frage ich. Sie räkelt sich auf ihrer Holzpritsche. Ihre großen, wäßrigblauen Augen scheinen etwas zu suchen. Gelangweilt antwortet sie: »Ach, weißt du, ich hatte etwas mit einem verheirateten Mann, dem Mann der Freundin meiner Mutter. Zu Hause gab es deswegen ständig Krach. Da bin ich einfach abgehauen und habe mich hierher gemeldet!«

In unserem Zimmer sind Wanzen. Während sie Ellen Nacht für Nacht überfallen, verschont mich das Ungeziefer unbegreiflicherweise – Ellen meint, mein Blut schmecke ihnen nicht. Wir sind von der Plage erst befreit, als das Haus vom Boden bis zum Keller ausgeräuchert wird.

Uniformen üben auf Ellen eine unwiderstehliche Anziehungskraft aus. In Rowno gilt ihr Interesse einem ungarischen Leutnant. Er hat zwei auffallend schöne Hunde, einen deutschen Schäferhund und einen ungarischen Hirtenhund. Ellen bringt sie manchmal zu gemeinsamen Spaziergängen mit. Jetzt habe ich nachts gelegentlich meine Behausung wieder für mich. »Vergiß nicht, mein Bett zu zerwühlen«, schärft sie mir ein. Glücklicherweise gibt es aber niemanden, der uns kontrolliert. Wir haben zwar eine Leiterin, eine Hausdame, wie sie genannt wird, sehen sie aber kaum. Sie ist Österreicherin, in Ungarn geboren, etwa 45 Jahre alt. Ihr Äußeres erinnert an ein geducktes Huhn.

Hin und wieder gehen Ellen, Achim und ich ins kleine Rownoer Fußballstadion und sehen uns die Spiele der Soldatenmannschaften an. Achim und Ellen sind aufmerksame Zuschauer, mich interessiert Fußball nicht. Ab und zu spazieren wir zu dritt auf der Ausfahrtstraße, Ellen mit den Hunden immer vor uns. Am Ortsausgang liegt ein kleines Wäldchen, gegenüber ein Kartoffelacker. Die Straße führt leicht bergan. Am Straßengraben sind Gräber aufgeschüttet. Auf den Holzkreuzen hängen die Stahlhelme gefallener deutscher Soldaten. Wir lesen ihre Geburts- und Sterbetage. Irgendwer hat es sich zur Aufgabe gemacht, die Gräber zu pflegen. Sie sind mit Blumen bepflanzt, die Erde zwischen den Grabhügeln ist sauber geharkt, und um die Gräber ist ein Zaun gezogen. Manchmal sehen wir Soldaten vor den Gräbern verweilen. Auch wir stehen öfter dort.

Reichskommissar Erich Koch, genannt der »rote Zar«, will, so heißt es, aus Rowno eine aufstrebende Stadt, eine Art Hauptstadt der Ukraine machen. Geschäfte für die deutschen Besatzer wachsen wie Pilze aus dem Boden. Die Regale sind zwar kaum mit Bedarfsartikeln gefüllt, aber die Partei richtet sich weiter im Osten ein.

Die Versorgung unserer Dienststelle in Rowno ist gut. Den Geburtstag des Stabszahnarztes im Sommer 1942 können wir sogar großzügig mit einer Torte feiern. Sie steht mitten auf dem Kaffeetisch und ist das Nonplus-ultra einer Kriegstorte. Erwartungsvoll sitzen wir da, den Blick auf das Kunstwerk gerichtet. Doch in dem Moment, als die Torte angeschnitten werden soll, fällt die schwere Deckenlampe unter großem Gepolter direkt auf das weiche Buttercreme-Wunder. Die Glühbirnen sind zersplittert, die

Torte hat sich in Cremeteilchen aufgelöst, klebt an unseren Gesichtern, den Kleidern und Uniformen. Lachend versuchen wir, die Reste aufzuheben, abzukratzen oder abzulecken. Plötzlich wird es still. Wir stehen fragend und denken wohl alle das gleiche: Wie war es möglich, daß sich die große, schwere Lampe aus der Verankerung lösen konnte? Sabotage? Hastig verabschieden wir uns. Beunruhigt gehen wir in die Quartiere zurück.

Ich lerne Henriette kennen, die im Lazarett von Rowno arbeitet. Sie fällt mir auf wegen ihrer ungewöhnlich braunen Gesichtsfarbe, ihrer hohen, schrägstehenden Backenknochen und des leicht melancholischen Blicks. Insgeheim nenne ich sie die »polnische Schnitterin«. In meiner Kindheit habe ich einige Ferienwochen auf einem Dorf in der Uckermark verbracht, wo mein Vater geschäftlich zu tun hatte. Seitdem habe ich nie wieder so heiße Sommertage erlebt. Damals holten sich die Landwirte polnische Schnitter und Schnitterinnen zur Getreideernte ins Dorf. Ich saß am Grabenrand, blickte auf die Felder hinüber, sah, wie sie in gleichmäßigem Tempo das Korn schnitten, und war traurig bei dem Geräusch, mit dem die Sense die Halme vom Boden trennte. Mir schien, als würde das Getreide geköpft. Es wurde zu Garben gebündelt aufgestellt, und die Leiterwagen rollten wenige Tage später mit der Ernte durch die weit geöffneten Scheunentore. Die Menschen sangen traurige Lieder in einer fremden Sprache, und ich versuchte, die Melodien mitzusummen.

Eines Tages ruft mich Henriette an. Sie will mich persönlich und nicht am Telefon sprechen; wir verabreden uns in der Stadt. Wir haben uns gerade getroffen und überqueren die Hauptstraße, da hören wir hinter uns einen ohrenbetäubenden Knall. Entsetzte Aufschreie. Ein Mann wirbelt durch die Luft und schlägt mit großer Wucht aufs Straßenpflaster. Regungslos bleibt er liegen. Sein Schädel ist aufgeplatzt, Flüssigkeit rinnt heraus. Henriette läuft zu ihm, beugt sich über ihn und berührt vorsichtig seinen Kopf. Ein Motorradunfall. Der Hiwi – Hilfswillige werden

Ukrainer genannt, die im Dienste der deutschen Wehrmacht arbeiten – ist von einem Auto angefahren worden. Ein herbeigerufener Sanitätskraftwagen bringt den Verletzten ins Lazarett, Henriette begleitet ihn. Ich kämpfe gegen meine Übelkeit.

Unser nächstes Treffen kommt erst Tage später zustande. Henriette steht nervös vor mir und erklärt, bevor ich sie fragen kann: »Ich bin schwanger und weiß nicht, was ich machen soll!« Mein Gott! Was ist da zu tun? Ich bin etliche Jahre jünger als sie, wahrscheinlich die jüngste Stabshelferin in Rowno. Trotzdem fühle ich mich verantwortlich für Henriette wie für meine Schwester. Die Beziehung zum Verursacher ihrer Lage ist verfahren. Meine Wut richtet sich gegen ihn, denn er will, daß das Problem möglichst rasch beseitigt wird, obwohl er genau weiß, wie streng das Abtreibungsgesetz ist. Jede von uns scheut sich, das Wort »Abtreibung« auszusprechen. »Das Schlachtfeld der Frau ist der Kreißsaal!« höre ich Hitlers Worte. »Eine deutsche Frau schenkt dem Führer Kinder!« lesen wir in den Zeitungen. Henriette weint viel. Manchmal denke ich, sie zerbricht an ihrem Kummer. Ich versuche ihr zu helfen, indem ich ihr geduldig zuhöre. Endlich entschließt sie sich, nach Hause zu fahren. Später erfahre ich, daß sie das unerwünschte Kind nicht geboren hat.

In Rowno werden Gerüchte über Sofie, die Frau eines polnischen Offiziers, laut. Jeder kennt sie. Wo ihr Mann ist, weiß niemand. Tot, untergetaucht, gefangengenommen? Man munkelt, diese bildhübsche, immer gut angezogene und tadellos frisierte Polin sei die Geliebte eines hohen Stabsoffiziers. Es ist das beste, nicht darüber zu sprechen.

Sofie fiel mir auf der Straße auf, weil sie besonders geschmackvoll gekleidet war. Damals wußte ich noch nicht, wer sie war, und bewunderte ihre Garderobe. Ich sah sie immer öfter. Eines Tages überrascht uns der Oberst mit der Nachricht: »Wir sind morgen mittag zum Essen bei Frau Sofie eingeladen!« Er wendet sich an mich: »Ich möchte, daß Sie dabei sind!« Zur Mittagszeit des nächsten Tages stehen wir vor einem kleineren Haus etwas außerhalb der Stadt. Wir klingeln, doch es wird nicht geöffnet. Ist es in Polen unüblich, pünktlich zu erscheinen? Ist Sofie nur raffiniert und läßt uns warten? Vielleicht ist sie mit dem Essen noch nicht fertig? Die Herren werden unruhig. Da geht die Tür auf, und Sofie bittet uns herein. Zunächst ist undeutlich ein dunkler Korridor zu erkennen. Muffige Luft schlägt uns entgegen. Wir werden in einen engen, schmalen Raum geführt. Ein Durcheinander von Möbeln, Decken und Kissen, wahllos aufgehängte Bilder. Hier müßte einmal richtig gelüftet werden, geht es mir durch den Kopf. Daß eine elegante Frau wie Sofie so wohnen kann? Dicht gedrängt sitzen wir am Tisch, genießen trotz der Enge und der stickigen Luft das köstliche Essen, das von einer Frau, die Sofie beim Auftragen der Speisen hilft, gereicht wird. Die Gastgeberin ist aufmerksam, plaudert mit uns in gutem Deutsch, mit dem Oberst spricht sie Französisch, eine Dame comme il faut. Es gibt herrliche Omeletts zum Nachtisch. Ich habe das Rezept, das mir Sofie auf meine Bitte sogleich bereitwillig aufschrieb, noch lange zu Hause aufbewahrt. Nach dem Kaffee entwickelt sich eine angeregte Unterhaltung. Wie hat sie sich nur den Kaffee beschafft? Wir bekommen keinen. Sofies Charme hat es dem Oberst angetan. Er hält eine hinreißende Rede auf die »Dame des Hauses«, wie er sie nennt. Auch die übrigen Herren machen ihr Komplimente. Sie hat graziöse Handbewegungen, einen auffallend schönen, ruhigen Gang. Sie lächelt kaum. Ich beobachte diese eigenartige Frau, die Franzosen würden sagen »une dame entre deux ages«, mit gemischten Gefühlen, mit Zweifel, Unbehagen und Bewunderung.

Eines Tages hören wir, daß es in dem kleinen Dorf Spannow, einige Kilometer von Rowno entfernt, Äpfel zu kaufen gibt. Wir wollen uns diese Gelegenheit nicht entgehen lassen, leihen uns von den Soldaten Räder und fahren in das einsam gelegene Dorf. Die Äpfel stehen zum Abtransport nach Deutschland säuberlich in Kisten verpackt auf dem Hof. Ich habe ein Brot mitgenommen. Dem ukrainischen Aufseher sehe ich die Freude darüber an, er sucht mir ein paar besonders schöne Äpfel heraus. Das bemerkt Ditha und schimpft laut: »Was du da machst, ist Bestechung. Es darf kein Brot aus Wehrmachtsbeständen weggegeben werden!« Ich könnte sie vor Wut zerreißen. Aber ich halte meinen Mund.

Auf dem Rückweg treffen wir eine Gruppe von fünf, sechs Nachrichtenhelferinnen. Interessiert fragen sie uns, woher wir die Äpfel haben, und wir erzählen es ihnen. »Wir holen uns auch welche«, beschließen sie. Von ihrer Radfahrt nach Spannow sind sie nie zurückgekehrt. Soldaten suchen sie, lange wird nach ihnen gefahndet.

Außerhalb der Stadt, so hören wir, gibt es eine Partisanengruppe; einer ihrer Anführer soll ein deutscher Unteroffizier sein. Wir werden gewarnt, uns ohne Begleitung dort aufzuhalten. Nördlich von Rowno beginnt das ausgedehnte Gebiet der Pripjet-Sümpfe. Auch in den Sümpfen verbergen sich Partisanen.

Durch das ungewohnte Klima erkranken einige Soldaten unserer Dienststelle am »Wolhynischen Fieber«, einer Art Malaria. Die Krankheit ist, wenn auch nicht lebensgefährlich, so doch mit hohem Fieber verbunden. Vielleicht ist das Klima auch die Ursache für meine entzündeten Mandeln. Der Arzt rät zu einer Operation. In der winzigen Sanitätsstube des Lazaretts erwartet mich ein junger Arzt. Ich erzähle ihm von meiner Angst. Er lacht, gibt mir einen Einstich in jede Mandel. Die Betäubung wirkt rasch, und die Mandeln fallen in die Schale. Nachts wache ich auf. Mein Kopfkissen ist von Blut durchtränkt. Die Schwester ruft den Arzt. Der versorgt die blutenden Wundlöcher mit langen Mullstreifen. Mir ist, als müßte ich an den dicken Mullklumpen im Halse ersticken.

Nach ein paar Tagen Bettruhe besuche ich einen Soldaten aus unserem Büro, den seit Tagen das Wolhynische Fieber schüttelt. Auf dem Weg in seine Krankenstube muß ich durch einen mit Verwundeten belegten Saal. Am Bett eines Kranken stehen der Arzt und eine Schwester. Der Verwundete hält die Augen geschlossen und atmet schwer. Sein Gesicht ist hochrot. Die Schwester schlägt die Bettdecke zurück. Ich blicke auf einen amputierten Oberschenkel. In dem entzündeten, eitrigen Stumpf wimmelt es von Maden. »Sie sind wichtig für den Heilungsprozeß«, sagt der Arzt, »sie fressen die Bakterien.«

In meiner Krankenstube fragt mich später eine Schwester, ob wir einen Spaziergang machen wollen. Wir laufen über die Felder. Da und dort stehen noch ausgebrannte sowjetische Panzer. In einem liegt die verkohlte Leiche eines russischen Soldaten. »Und wieder weint eine Mutter um ihren Sohn«, sagt die Schwester. Ich sehe sie an. Sie wirkt erschöpft, unter ihrer Haube zeigen sich graue Strähnen. Für sie ist der russische Soldat ein Sohn, der hier auf der Wiese verkohlt und verstümmelt im Panzer begraben liegt. Der Sohn einer russischen Mutter. Es ist eine deutsche Krankenschwester, die mich lehrt, an die russischen Mütter zu denken.

Wieder einmal blättere ich auf der Suche nach einem Schreiben die Akten durch. Eine Meldung fällt mir in die Hand. Auf ihr ist der Truppenteil meines »Leutnants aus Paris« vermerkt. Das Papier trägt seine Unterschrift. Ich bin sprachlos. Mein Gott! In dieser Schreibstube, in diesem Chaos der zahllosen Ordner, Unterlagen und Papiere plötzlich eine bekannte Handschrift zu entdecken grenzt an ein Wunder. Ich möchte sofort mit ihm telefonieren.

Den telefonischen Vermittlungsdienst besorgten bisher Soldaten; vor wenigen Wochen sind sie von den Telefonschränken weg an die Front versetzt und durch Frauen abgelöst worden. Die Nachrichtenhelferinnen tragen graublaue Uniformen mit einem farblich passenden Käppi. Sie werden auch »Blitzmädchen« genannt, wegen ihres Blitzabzeichens auf dem Jackenärmel. Jede von uns Stabshelferinnen hat »ihre« Nachrichtenhelferin, das heißt ein Mädchen, das ihr dann und wann ein privates Gespräch in die Heimat vermittelt. Das ist zwar streng verboten, und die Leitungen werden auch abgehört, doch versuchen wir, so gut wie möglich die Regeln zu umgehen. Nach mehreren Versuchen bekomme ich eine Verbindung zu meinem Leutnant, und die Überraschung auf der anderen Seite ist groß. Als erstes werde ich gefragt: »Weißt du noch, wie du damals als kleiner Leutnant durch die Straßen von Paris marschiert bist?« Ich habe es nicht vergessen. Wie lange liegt dieser Abend zurück, an dem ich seinen Mantel trug? Unser Gespräch wird mitgehört und unterbrochen. Tage später gelingt uns noch einmal eine Verbindung, aber der Kontrolleur ist wieder in der Leitung und trennt uns abermals mit scharfen Worten. In der Wehrmacht geht die Angst vor Spionen um. In jeder Schreibstube hängt mahnend ein Schild: »Psst, Feind hört mit« ... Man verdächtigt die ukrainischen Putzfrauen, die sehr gut deutsch sprechen, die Hiwis, die Zugang zu den Büros haben.

Auch unsere Putzhilfe im Stabshelferinnenhaus spricht gut deutsch. Sie heißt Klebka, ist 16 Jahre alt, schmal und blond. Klebka ist Jüdin. Ihre Aufgabe ist es vor allem, unsere Betten tüchtig aufzuschütteln; es gibt keine Matratzen, wir schlafen auf Strohsäcken. Wir mögen Klebka. Sie hat ein stilles, ruhiges Wesen. Ellen und ich stecken ihr manchmal Brot und abgelegte Kleider zu. Sie nimmt das mit ängstlichem Blick und scheuem Lächeln entgegen. Sie hat mehrere Geschwister, erzählt sie uns. Ihr Vater ist Schneider und arbeitet in einer deutschen Dienststelle. Die Juden in Rowno sind überwiegend Handwerker, die bei deutschen Betrieben oder in den Dienststellen arbeiten.

Eines Tages betrete ich das Zimmer einer Kollegin. Niemand hatte auf mein Klopfen geantwortet. Ein Mann steht am Tisch und bügelt die Wäsche der Stabshelferin. Höschen, Unterröcke, Büstenhalter liegen herum. Er blickt nicht von seiner Arbeit auf. Ich weiß, daß er Jude ist und früher Lehrer an einer Hochschule war. Ich habe vergessen, was ich meiner Nachbarin sagen wollte. Betreten verlasse ich den Raum und schäme mich.

In unserer Familie gab es keine Feindschaft gegenüber Juden. Im November 1938 hatte ich, damals 17jährig, in Berlin die »Kristallnacht« miterlebt. Ich war zu Besuch bei meiner Tante und sah, wie Fenster jüdischer Geschäfte eingeschlagen, die Besitzer herausgejagt und verprügelt wurden. Die Menschen standen verlegen dabei, sahen den Schlägern beschämt zu und gingen schließlich ratlos weiter. Als ich meinem Vater davon erzählte, von der Gewalt, von den Schreien der Juden, von den Aufrufen, daß niemand bei Juden kaufen sollte, sagte er erbost: »Von Juden bin ich nie betrogen worden. Meine Geschäfte in den jüdischen Mostereien in Potsdam habe ich immer korrekt abgewickelt.« Nur die »Volksgenossen« hätten ihn »übers Ohr gehauen«.

In meiner Realschulklasse hatte ich eine jüdische Mitschülerin, Margot Hirschfeld. Ihr Vater war Zahnarzt, und ein wenig habe ich Margot stets um ihren Wohlstand beneidet. Eines Tages ist sie nicht mehr zur Schule gekommen. Die Familie sei ausgewandert, sagte uns die Lehrerin. Ich war ärgerlich, daß mir Margot, obwohl wir doch ein bißchen befreundet waren, nichts von der Auswanderung gesagt hatte.

In Rowno gibt es ein umzäuntes, ärmliches Ghetto, in dem die Juden leben müssen. Ich bin einmal bei Klebka gewesen und habe die barackenähnlichen, grauen, schmutzigen Häuser, die oft arm und krank wirkenden Menschen, die dort wohnen, gesehen. »Dreckiges jüdisches Nest«, so habe ich schon oft von Rowno reden hören.

Spätsommer 1942. Stimmengewirr, das Geräusch weggeworfener Blechnäpfe und Soldatenkommandos wecken mich eines Nachts. Ellen ist nicht da. Ich stehe auf, gehe ans Fenster und schaue auf die Straße. Unserem Haus gegenüber befindet sich ein Kino. Eine Menschenmenge tritt aus der geöffneten Tür des Kinos auf die Straße hinaus und wird, von Soldaten bewacht, weggeführt. Es ist zwischen drei und vier Uhr morgens. Deutlich kann ich Männer, Frauen, Kinder, Alte und Junge erkennen. An ihrer

Kleidung sehe ich, daß sie aus dem Ghetto kommen. Seit September 1941 war es Pflicht, einen Judenstern zu tragen. Zunächst verstehe ich nicht, was dort unten geschieht. Was machen die vielen Menschen hier? Warum schleudern sie mit solcher Heftigkeit ihre Eßgeschirre aufs Straßenpflaster? Dann begreife ich: Sie wollen auf sich aufmerksam machen. Seht her, was mit uns geschieht! Laßt es nicht zu! Helft uns!

Ich stehe hinter dem Fenster und möchte hinausschreien: Tut mehr! Das ist nicht genug! Wehrt euch! Ihr seid in der Überzahl! Ein paar von euch könnten gerettet werden! Denn diese Menschen, nach meiner Schätzung etwa 300, später erfahre ich, daß es viel mehr waren, werden von nur einer Handvoll Soldaten abgeführt. Doch die Gefangenen ziehen mit schleppendem Gang, gebeugten Köpfen und leisem Murmeln die trübe Straße entlang und unterwerfen sich kampflos. Bis sie an der Wegbiegung verschwinden, sehe ich ihnen nach. Dann lege ich mich auf mein Bett.

Diese Menschen werden getötet, ich ahne es.

Was geht vor in den Köpfen der Bewacher beim Anblick ihrer Opfer? Sind sie einverstanden mit dem, was sie tun?

Ich kann nicht weiterdenken.

Am nächsten Morgen ertappe ich mich auf dem Weg zur Arbeit dabei, daß ich nichts anderes tue als die Juden ein paar Stunden zuvor: Ich halte den Kopf gesenkt, meine Schultern nach vorn gebeugt. Ich mache nicht einmal Lärm.

Im Büro wird bekannt, daß die Juden wenige Kilometer außerhalb von Rowno erschossen worden sind.

Klebka haben wir nie wiedergesehen.

Bei den Stabshelferinnen wird über das Massaker gesprochen. Einige wagen es, zaghafte Einwände vorzubringen. »Warum denn das? Wir brauchen doch diese Arbeitskräfte.« Jemand sagt kaum hörbar: »Wir werden uns noch totsiegen!« Ellen sagt mir: »Ich kann das nicht begreifen.« Eine flüstert: »Ungeheuerlich!« Mein Blick bedeutet ihr, daß ich ihre Meinung teile. Laut Kritik zu äußern wäre gefährlich. »Wir werden uns noch totsiegen!« Wir haben

Angst und sprechen nicht von den deutschen Soldaten, die die Tat begangen haben. Ich sehe sie vor mir, die überwiegend jungen SD-Wachmänner. Wie mag ihnen zumute gewesen sein? Haben sie nachgedacht über das, was sie getan haben? Das Entsetzen darüber, was Menschen anderen Menschen antun können, trägt jeder mit sich allein herum. Wie kann ich das, was ich gesehen habe, zu Hause erzählen? Wer glaubt mir so etwas?

Ich fühle mich dem Geschehen ausgeliefert, ohnmächtig, wie eine Fliege auf dem Fliegenleim. Ich kann keinen klaren Gedanken mehr fassen. Mein Körper läuft weiter zur Arbeit, zieht sich einen Mantel an und ißt sogar noch ein Butterbrot. Es ist, als hätte sich etwas von mir getrennt, etwas ist nicht mehr in mir, ist aus mir herausgetreten, nicht greifbar, nicht sichtbar, doch es läuft neben mir, sieht mich an, wenn ich allein bin oder mit anderen spazierengehe. Blickt auf mich herab, beobachtet, was ich tue. Ist das der Anfang vom Wahnsinn? Panik überfällt mich. Bei der Vorstellung, ich könnte anders als die anderen sein, schäme ich mich. Aber ich spreche mit niemandem über meine Ängste, über die Gedanken, die mich quälen. Ich fürchte, sie schicken mich in eine Klapsmühle nach Deutschland. Mache weiter. Kopf nach unten!

Ich verliere die Kontrolle über mich. Wenn ich an die Erschossenen denke, aber auch, wenn ich einfach nur über die Straße gehe, füllen sich meine Augen mit Tränen. Ich empfinde keinen Schmerz, spüre nur die Nässe auf meiner Haut und weiß, daß ich wieder weine. Am wohlsten fühle ich mich in meinem Zimmer, wo ich nichts sehen und hören muß. Der Augenarzt in Rowno schickt mich fort mit den Worten: »Ihre Augen sind in Ordnung.«

Achim, den Kriegsgerichtsrat, sehe ich selten. Dabei ist er doch der einzige, der Verständnis für mich haben könnte, weil ihn selbst Ängste quälen. Mich jemandem anzuvertrauen, habe ich nicht gelernt, über Gefühle wurde bei uns zu Hause nicht gesprochen, meine Pflicht zu schweigen habe ich früh akzeptiert. Geschah was »Peinliches« in der Familie, durfte kein Wort nach draußen dringen. »Halt den Mund!« hieß es stets, »Nimm dich zusammen! Geweint wird nicht!« Ich kann mich Achim nicht anvertrauen. Warum nur? Ich habe Angst, ich müßte ihm sagen, daß ich kein Ich mehr besitze.

In Paris hoffte ich, das Leben zu genießen.

In Belgrad hatte ich kaum noch Hoffnung.

In Rowno hoffte ich nur noch zu überleben.

Während der langen Wochen, in denen ich meine Erinnerungen aufschrieb, habe ich viel geträumt. Drei Träume kamen wieder und wieder:

Ich weiß, daß tief in der Erde vergraben eine Kiste liegt. Ich bin bereit, sie heraufzuholen. Die Kiste aber ist so schwer, daß ich sie allein nicht heben kann. Ich versuche es, aber es gelingt mir nicht. Ich gebe auf.

Unverhofft steht die Kiste in einem anderen Traum plötzlich vor mir. Tageslicht fällt auf das dreckverkrustete Holz. Ich will sie öffnen, aber die Kiste ist fest verschweißt. Ohne Werkzeug, nur mit Händen und Fingernägeln versuche ich, an ihren Inhalt zu gelangen. Vergebens! Aber ich bin zuversichtlich: Eines Tages würde ich es schaffen.

Nach Monaten gab mir ein dritter Traum die Kiste frei. Sie öffnete sich von ganz allein mit leisem Knarren. Es war dunkel darin. Ich sah nichts. Die Kiste war leer! »Sie ist nicht leer«, flüsterte es. »Sieh genau hin!« Ich fühlte, ich wußte, dort lag mein vergrabenes Ich.

Poltawa

Eines Tages überrascht uns die Nachricht, daß die Dienststellen des Wehrmachtbefehlshabers Ukraine in Rowno nach Poltawa, südwestlich von Charkow, verlegt werden. Kurz zuvor hatte Oberst B. uns verlassen. Seine Frau war gestorben, und er fuhr zu seinen Kindern nach Hause. Er hatte sich unter den ungezählten »Goldfasanen« in Rowno nicht mehr wohl gefühlt. Meine Trauer hielt tagelang an.

Auch Ellen geht nicht mit nach Poltawa, sondern zurück nach Berlin. Das dumpfe Gefühl der Resignation läßt sich nicht aus meinem Kopf vertreiben. Nun werde ich auch Ellen verlieren. Doch angesichts der Meldungen über verheerende Bombenangriffe auf Berlin scheint mir das Leben in der Ukraine noch das kleinere Übel zu sein. Ich fühle mich allein und verlassen. Wenn ich Henners Namen in der Heereszeitschrift lese, die in unseren Dienststellen ausliegt, spüre ich wieder seine Zärtlichkeiten, und unsere Beziehung besteht als Geheimnis fort. Doch die Gegenwart und das Kriegselend um mich herum verdrängt diese Gedanken rasch.

Und doch freue ich mich auf Poltawa. Aus dem Telefongespräch mit dem »Leutnant aus Paris« wußte ich, daß sein Regiment nicht weit entfernt liegt. Er hat keine Ahnung, daß ein Wiedersehen möglich sein könnte.

Ein langer Güterzug nimmt das gesamte Büroinventar, die Autos und unser persönliches Gepäck auf. Für die Nachrichten- und Stabshelferinnen sind Personenwagen angehängt worden. In Kiew sehe ich ausgebrannte Bahnhofshallen, der Zug muß außerhalb der Stadt halten. Es gibt die erste warme Mahlzeit. Wir steigen aus und setzen uns mit einem Teller heißer Suppe zwischen den abgestellten Güterwagen auf die stillgelegten Gleise. Es ist ein schöner, warmer Herbsttag. Kiew, auf einer Anhöhe am Dnjepr gelegen, scheint, aus der Ferne betrachtet, eine reizvolle Stadt zu sein.

Verschmutzt und müde kommen wir in Poltawa an. Ukrainerinnen sitzen auf den Bänken vor ihren Häusern, schwatzen miteinander und schieben sich mit unnachahmlicher Geschwindigkeit einen Sonnenblumenkern nach dem anderen in den Mund, zerkauen ihn und spucken die Schalen vor sich aus, so daß sich zu ihren Füßen kleine Schalenberge häufen.

Durch Poltawa fließt träge ein Seitenfluß des Dnjepr, die

Worskla. Oberhalb des Flußufers, von Mauern umgeben und weithin sichtbar, befindet sich eine Klosteranlage mit drei hochragenden Zwiebeltürmen. Die Stadt erinnert mich ein wenig an Potsdam. Sie besitzt großzügig angelegte Prachtbauten, breite Paradestraßen und einige verwahrloste Parkanlagen. Vermutlich war sie einmal eine zaristische Garnisonsstadt; in die Geschichte ging sie ein, als im Jahre 1709 vor ihren Toren Peter der Große die Truppen Karls XII. von Schweden vernichtend schlug. Zur Erinnerung an diesen Sieg hat man in einer der Parkanlagen ein großes Denkmal errichtet. Bevor der Besucher jedoch dorthin gelangt, muß er zunächst ein beachtliches Steintor passieren, auf dessen linker Seite überlebensgroß aus Stein gemeißelt ein Mann und zu seiner Rechten eine Frau mit üppigen Formen die Betrachter begrüßen. Die Gartenanlagen sind verwahrlost, doch den Sockel zieren Blumenrabatten, und aus der Mitte der Beete leuchten knallrote, in Hakenkreuzform gepflanzte Astern dem Besucher entgegen. Steht man auf den leichten Anhöhen der Stadt, kann man weit ins Land, über die Birkenwälder schauen, die nicht anders als zu Hause in der Mark Brandenburg aussehen.

Auf einem großen, freien Platz mitten in der Stadt ist an bestimmten Tagen Markt. Dann ziehen Bauern auf klapprigen Karren mit dem bißchen Gemüse, das sie übrig haben, über das holprige Kopfsteinpflaster. Frauen sitzen in dicken Wattejacken auf der Erde und bieten ein paar verschrumpelte Äpfel oder Birnen zum Verkauf an. Alles macht einen unbeschreiblich kärglichen Eindruck. Diese Ärmlichkeit steht in krassem Gegensatz zu dem gesunden Aussehen der Bevölkerung.

Die Straßen in Poltawa sind nach Buchstaben benannt. Wir wohnen in der Straße »K«. Unser Stabshelferinnenhaus ist größer als das in Rowno, ich habe sogar ein kleines Zimmer für mich ganz allein. Schura, ein großes blondes Mädchen, hält das Haus sauber. Sie ist »Volksdeutsche«, und wir können uns auf deutsch verständigen. Unsere

Beziehung ist distanziert. Ich will nichts Näheres über sie und ihre Verhältnisse wissen. Ich brauche Abstand.

Die Dienststelle »Kommandeur des Streifendienstes« ist in Rowno verblieben. Ich bin zum Stab Ia versetzt worden, meine Tätigkeit erschöpft sich in eintönigen Schreibarbeiten. Mein neuer Vorgesetzter ist ein Major Dr. Sch. Auf seiner kleinen, prallen Figur sitzt ein rundes, glänzendes Gesicht. Jeden Tag erscheint er im Büro wie aus dem Ei gepellt. Seine Sauberkeit hat Penibles an sich. Wird etwas seiner Ansicht nach nicht richtig gemacht, gerät er außer sich und schreit die ihm unterstellten Dienstgrade an: »Sie Neger!« Ich muß an Oberst B. in Rowno denken, der geachtet, ja geliebt wurde. Bei seinem Abschied haben sich einige der Männer abgewandt, um ihre Tränen zu verbergen.

Wenn ich es einrichten kann, mache ich einen großen Bogen um Major Sch. In der Dienststelle gibt es Männer mit Gefreitendienstgraden, die im Zivilberuf einflußreiche Posten bekleiden. Ihnen gegenüber ist der Major mit seinen Formulierungen vorsichtiger. Jemand sagt: »Er wird mit dem Rohrstock groß geworden sein und versucht, seine Wut bei den Kleinen loszuwerden!« Ein anderer meint: »Er fühlt sich dem Posten nicht gewachsen und will seine Angst mit Herumtoben überspielen!« Dann hören wir, daß Reichskommissar Erich Koch von den Ukrainern als »Negern« spricht. Alle Nichtprivilegierten sind für ihn »Neger« oder »Untermenschen«. Vielleicht weht der Wind aus dieser Ecke, »Rasse hat rein zu sein«. Der kleingewachsene Major macht nicht gerade den Eindruck eines »Herrenmenschen«. Er müßte merken, daß ich mich beharrlich weigere, auch nur ein einziges privates Wort mit ihm zu sprechen.

Sobald sich eine Gelegenheit ergibt, versuche ich, mit dem »Leutnant aus Paris« zu telefonieren. »Das Regiment befindet sich nicht mehr in diesem Raum«, antwortet eine Soldatenstimme kurz und knapp am Telefon. Es wird eingehängt. Bald weiß ich es genauer: Das Regiment des Leutnants gehört zur 6. Armee und ist auf dem Vormarsch nach Stalingrad. Aus ist es mit den Plänen für ein Wiedersehen.

Auf dem Weg zur Arbeit bleibe ich einmal vor einem Geschäft stehen. Durch eine trübe Scheibe ist die armselige Auslage zu erkennen. Zwei Soldaten stellen sich neben mich; sie tragen Gewehre, offenbar sind sie nicht aus Poltawa. Einer von ihnen sagt: »Guck mal, ein nettes Mädchen«, er weist mit dem Kopf auf mich, »wollen wir es ansprechen?« Sie halten mich für eine Ukrainerin. So weit weg von zu Hause vermutet keiner eine deutsche Frau. »Nee, det is' nich' mein Typ«, winkt der andere ab. Ich schmunzle und registriere: Aha, ein Berliner! Schweige zu ihren Bemerkungen, sage nicht, daß ich eine von ihnen bin. Ich will nicht zu den Männern mit den Gewehren gehören.

Wie eine Deutsche sehe ich mit meinem Kopftuch und den Stiefeln nicht aus. Einen Fellmantel aus der Kleiderkammer, wie andere ihn tragen, habe ich nicht mehr erwischt, mir nicht »organisiert«, wie das hier heißt. »Organisieren« ist ein häufig gebrauchtes Wort und wird noch häufiger praktiziert. Die anderen sind schneller gewesen, haben sich rechtzeitig um warme Sachen gekümmert und früher begriffen, daß »Organisieren« auch Überleben heißt. Für mich galt: »Immer hübsch bescheiden sein!« So hatte unsere Großmutter immer gesagt. Eines Tages bringt mir ein Soldat eine Felljacke, die er für mich »organisiert« hat. Ich frage nicht, woher. Soldaten sind unglaublich erfinderisch im »Organisieren«. Nun trage ich über meinem ungefütterten Wollmantel aus Paris eine dicke Felljacke aus der Ukraine.

Meine Kleider sind zu weit. Ich fühle mich häßlich und schmutzig. Baden ist schon lange nicht mehr möglich, die Abflußrohre sind verstopft; niemand kümmert sich darum, andere Dinge sind wichtiger. Immer »rasch, rasch« unter der Leitung waschen. Die Wäsche riecht nach Schweiß. Ich verschließe mich immer mehr, spreche nur das Nötigste. Wo bin ich hier? Wer bin ich? Was mache ich in diesem Männerkrieg? Männer machen Krieg. Männer töten. Und sie brauchen Frauen als Handlangerinnen in ihrem Krieg.

Poltawa besitzt außer einem Museum auch ein Theater.

Ab und zu kommen Schauspieler von den Bühnen aus Berlin und treten für die deutschen Truppen auf. Grete Weiser hatte sich auf dem miserablen Pflaster einen Absatz abgebrochen und humpelte mit dem Schuh in der Hand ins Theater. Gelegentlich gibt es auch Aufführungen in ukrainischer Sprache. Einmal fielen während eines Stückes die Kulissen in sich zusammen und begruben die Schauspieler unter sich. Das kleine Malheur tat der Begeisterung keinen Abbruch; nach dem anfänglichen Durcheinander auf der Bühne und dem Hallo aus dem Zuschauerraum wurde weitergespielt. Wir sind dankbar, daß wir ein paar Stunden abgelenkt werden vom Krieg. Das ist wohl auch der Grund, warum uns eines Abends im kleinen Kreis ein amerikanischer Revuefilm vorgeführt wird in Originalfassung, ein Offizier dolmetscht den Text. Zunächst rätseln wir, weshalb und wieso man uns einen »Feindfilm« zeigt. Doch dann ist uns das egal, und wir verfolgen gierig das Filmwunder aus einer fernen Welt.

Im Büro des Leiters einer Nachrichtenstelle, zusammen mit dem Offizier, der den amerikanischen Revuefilm gedolmetscht hat, hören wir zu dritt oder zu viert gelegentlich den Moskauer Rundfunk. Am 22. November 1942 sitzen wir wieder vor dem Radio, und eine deutsche Stimme aus Moskau sagt: »Die 6. Armee unter dem Befehl von Generaloberst Paulus ist im Raum zwischen Don und Wolga bei Stalingrad eingeschlossen worden.« Wir drehen schnell die Skala weiter, verwischen unsere Spuren, lauschen an der Tür, beobachten, ob sich etwas auf dem Gang tut, und verlassen wie ertappte Sünder den Raum. Jetzt sitzt mein Leutnant in der Falle von Stalingrad.

An den Telefonen der »Geheimen Kommandoleitungen« im Osten saßen bisher Soldaten. Sie werden durch ausgesuchte Nachrichtenhelferinnen ersetzt und mit den neuen Truppenverbänden an die Ostfront geschickt. Wir finden ihre Namen in den endlosen Listen der vor Stalingrad gefallenen Soldaten wieder. »Meine« Nachrichtenhelferin an einer dieser geheimen Leitungen ist die rothaarige Fritzi aus München. In ihrer Urwüchsigkeit ragt sie als feste Säule aus der Schar der aus allen Gegenden Deutschlands stammenden Frauen. Sie lacht viel, laut und herzlich, scheint nie Liebeskummer zu haben, und der Anblick ihrer robusten Gesundheit gibt uns das Gefühl, daß außer Sterben auch noch Leben möglich ist. Sie ahnt nicht, daß ich manchmal versuche, mir ein bißchen von ihrer Lebendigkeit abzuschauen. Durch Fritzi höre ich von der wachsenden Sorge um die »Festung Stalingrad«. Das Wort »totsiegen« macht weiter leise die Runde. Fritzi berichtet von Ausbruchsversuchen, die fehlschlugen, von Hunger und Kälte. Über alles, was sie mir anvertraut, muß ich absolutes Stillschweigen bewahren. Würde das Geringste darüber laut werden, drohte uns beiden das Kriegsgericht.

Stalingrad ist etwa 600 Kilometer von Poltawa entfernt. Gelegentlich überfliegt eine einzelne sowjetische Maschine die Stadt. Wir nennen sie wegen ihres ratternden Geräusches »Nähmaschine«. Eine ihrer Bomben trifft das Soldatenheim und zerstört den Essenkessel. Kein einziges deutsches Flugzeug steigt auf, um sie zu vertreiben, denn seit der Umzingelung der 6. Armee werden unsere Maschinen für die Versorgung Stalingrads aus der Luft dringend gebraucht.

Auf dem Flugplatz außerhalb Poltawas ist das Fliegergeschwader »Boelcke« stationiert, das die Flugplätze Gumrak und Pitomnik im Kessel anfliegt, Nachschub bringt und Verwundete herausholt. Bald hören wir, daß die Versorgung aus der Luft äußerst kritisch ist und die Luftwaffe nur Bruchteile des nötigsten Bedarfs liefern kann. Einem Hauptmann des Geschwaders, der nach Berlin fliegt, gebe ich ein Päckchen für meine Schwester Friede mit. Es ist tatsächlich angekommen. Dieser Hauptmann wird später mein Schwager werden.

Im Gemeinschaftsraum des Stabshelferinnenhauses steht ein Flügel. Niemand spielt darauf. Keine von uns kennt den Namen des Fliegers, der stets allein ist und sich wortlos an den Flügel setzt. Gelegentlich hören wir beim

Nachhausekommen schon auf der Treppe Mazurken und Etüden von Chopin. Lautlos, wie er gekommen ist, verschwindet der Soldat wieder. Chopin zu spielen ist seit dem Krieg mit Polen verboten. Dieser Flieger aber liebte die Musik zu sehr, um sich an solche Vorschriften zu halten.

Die Lage ist kritisch, das wissen alle hier, ohne daß darüber offen gesprochen würde. Um uns bei Laune zu halten, wird von der Dienststelle eine Schlittenfahrt angeordnet. Die Gegend ist tief verschneit, die Temperaturen eisig. Ziel soll eine Försterei irgendwo auf dem Lande sein. Ich bin die einzige Frau in der Gruppe. Major Sch. erscheint in einer eleganten, pelzgefütterten Jacke, die Lammfellmütze tief ins Gesicht gezogen, geschniegelt und gebügelt, er trägt wattierte Filzstiefel, sogenannte »Walenkis«. Unser Schlitten hat hinter der Sitzbank einen erhöhten Einzelsitz, auf dem vermutlich einmal ein Lakai Platz fand. Jetzt klettert ein Gefreiter aus unserer Schreibstube hinauf, Clemens, ein Mann, den der Chef bisher mit seinen Pöbeleien verschont hat. Clemens versteckt seine Qualitäten geschickt hinter gelegentlichen boshaften Bemerkungen und kann seinen mangelnden Ehrgeiz in bezug auf Beförderungen und Kriegsauszeichnungen nicht verbergen. Als Major Sch. einmal im Nebenzimmer tobte und Clemens mein erschrockenes Gesicht sah, sagte er: »Du wirst doch diesen kleinen Kraftprotz nicht ernst nehmen. Er hat gerade seine geschiedene Frau zum drittenmal geheiratet!« Beim Anblick meiner dicken, gestrickten Wehrmachtsstrümpfe drohte er: »Sollten wir uns nach dem Krieg in Berlin auf dem Kurfürstendamm wiedersehen, dann bitte nicht mit solchen Strümpfen!« Endlich konnte ich wieder einmal lachen.

Unser kleiner Konvoi fährt im klirrenden Frost durch eine unberührte Landschaft. Nirgendwo ist ein Haus zu entdecken. Um uns erstreckt sich nur die grenzenlose Steppe. Ein paar Bäume und Sträucher. Da wir ständig die Richtung ändern, verlieren wir immer mehr die Orientierung. Nichts als die Unendlichkeit von Schnee ringsum. Wir wissen, es gibt Partisanen in der Gegend. Verunsichert beschließt der Major endlich, die Suche nach der Försterei aufzugeben. Als wir wieder in Poltawa eintreffen, ist es schon dämmerig. Alle hatten Angst. Niemand hat es ausgesprochen.

Zu unserem Kompaniestabsfeldwebel, dem ich in der Schreibstube gegenübersitze, habe ich von Anfang an eine gute Beziehung. Laute Befehlstöne liegen ihm nicht, um so mehr liebt er das Essen. Ich komme auf meine Zeit in Frankreich zu sprechen und erwähne den Leutnant im Kessel von Stalingrad. »Wir werden ihm einen Kuchen backen«, ruft er spontan und springt vor Begeisterung vom Stuhl. »Einen Kuchen backen?!« »Ja, und zwar einen Napfkuchen, einen wie im Frieden! Napfkuchen ist eine Spezialität von mir!« Ich höre, daß er für seine Familie daheim immer Napfkuchen bäckt. Nun bin ich von seiner Idee genauso begeistert, und wir beschließen, den Kuchen einer Flugzeugbesatzung mitzugeben. Dank seiner Beziehungen zur Küche der Stabskompanie hat der Feldwebel Zugang zu jenen Dingen, die man für einen Napfkuchen »wie im Frieden« braucht. Tags darauf schlingt er sich ein Küchenhandtuch um seinen beachtlichen Bauch, rührt kräftig den Teig in der Schüssel und demonstriert mir sein Backtalent. Etwas wie ein Zugehörigkeitsgefühl zu einem Familienmitglied erfaßt mich. Da steht nicht mehr der Stabsfeldwebel, der für einen eingeschlossenen Offizier der 6. Armee einen Kuchen bäckt, sondern meine stattliche Großmutter aus der Mark Brandenburg, der Mittelpunkt unserer Familie. Häufig habe ich in der Ukraine Frauen gesehen, die mich in Statur und äußerer Erscheinung an meine Großmutter erinnerten. Sie war eine Frau, die sich unter den Schlägen des Lebens ducken mußte und sich dennoch immer wieder aufrichtete.

Der Kuchen steht fertig auf dem Tisch. Ich umwickle die Kuchenform mit Zeitungspapier und verschnüre sie fest.

Der Stabsfeldwebel hatte, weiß Gott woher, eine Flasche Sekt organisiert. Da ich die Vorliebe des »Leutnants« für französische Magazine kenne, wickle ich den Sekt in eine französische Zeitschrift. In großen Druckbuchstaben schreibe ich den Namen des Empfängers und die Feldpostnummer seines Regiments darauf und gebe das Paket am nächsten Tag den Fliegern nach Stalingrad mit.

Tage später bekommen wir von einer Flugzeugbesatzung ein bekritzeltes Stück Papier überbracht, auf dem der Leutnant uns seine Freude und Überraschung ausdrückt. Kuchen und Sekt seien köstlich gewesen. Mit keiner Silbe erwähnt er seine Situation, nur daß er gesund ist und die französische Zeitung gelesen hat, die wie ein »Wunderding« aus ferner Zeit von Hand zu Hand gegangen sei.

Die zurückkehrenden Flieger berichten von der zunehmenden Schwäche der 6. Armee. Die verschneite Steppe ist von toten Soldaten übersät. Die erschöpften Menschen können sich kaum noch auf den Beinen halten, die Hauptverbandsplätze sind von Verwundeten überfüllt.

Am Heiligen Abend 1942 sitzen wir im großen Gemeinschaftsraum des Stabsgebäudes zusammen und hören eine Weihnachtssendung, die als Ringsendung in allen besetzten Ländern empfangen werden kann. Vor Beginn der Feier hat mir Achim ein Buch von Heinrich Luserke mit dem Titel »Das Schiff des Satans« geschenkt. Der Titel erschreckt mich. Fest- und Feiertage habe ich längst vergessen und gar nicht daran gedacht, auch Achim eine kleine Freude zu machen. Das tut mir leid.

Aus dem Radio klingt Glockengeläut. Ein Sprecher nennt die einzelnen Frontabschnitte. Als es heißt: »Ich rufe Stalingrad!«, verstummen alle im Raum. Auf unseren Tischen stehen Schüsseln mit warmem, duftendem Essen und gezuckertes Weihnachtsgebäck. Der Stabsfeldwebel schenkt mir ein Tütchen selbstgebackener Kekse. Wie mag das Festessen der Eingeschlossenen in der Heiligen Nacht bei 40 und mehr Grad Kälte aussehen? Rote Rüben in

Schneewasser gekocht, gefrorenes Brot? Und gegen den Hunger die Parole: »Haltet aus! Der Führer haut euch raus!« Wir wollen gerade aufbrechen – es ist kurz vor Mitternacht –, da öffnet sich die Tür zum Gemeinschaftsraum, und herein tritt ... das Christkind! Was sich unseren Augen bietet, ist das verrückteste, makaberste Bild dieser dunklen Tage. Im Türrahmen steht ein Hauptmann des Geschwaders Boelcke, begleitet von zwei Kameraden; eine Besatzung, die gerade aus dem Kessel von Stalingrad zurückgekehrt ist. Der Offizier hat ein weißes Bettlaken um die Schultern geschlungen. Auf seinem Rücken hängen buntbeklebte Pappflügel, die bei jeder Bewegung wackeln. Im Mund hat er eine überlange Zigarre, die wie eine Petroleumfunzel blakenden Qualm von sich gibt. Seine Wangen sind unnatürlich gerötet. Zunächst wird gelacht und gegrölt bei seinem Anblick. Mit glasigen Augen und starrem Blick schreitet er durch den vollbesetzten Raum, bleibt vor Tischen, an denen Offiziere sitzen, stehen, knallt die Hacken zusammen, grüßt stramm mit erhobenem Arm und ruft laut: »Heil Hitler!« Immer wieder: »Heil Hitler!«

Einen Augenblick lang ist es totenstill. Was hat das zu bedeuten? »Der ist ja voll wie tausend Mann«, sagt jemand an unserem Tisch. Wieder wird gelacht. Einige Tische weiter sitzen die Männer vom Kriegsgericht. Ich sehe Achims deprimiertes Gesicht. Er hat begriffen und kann das Lachen seiner Kameraden nicht ertragen. Er schaut verlegen zu Boden.

Der Offizier und seine Besatzung setzen sich zu uns. Sie berichten vom »Festschmaus« der halbverhungerten Soldaten im Kesssel. Pferde sind geschlachtet worden, und jeder Eingeschlossene hat zwei große Pferdefleischbuletten bekommen. Der Offizier, übervoll von Eindrücken, erzählt weiter. Beim Start der mit Verwundeten überfüllten Flugzeuge hatten sich Verletzte, die keinen Platz mehr gefunden hatten, verzweifelt an die Tragflächen geklammert und waren beim Abheben der Maschinen herabgestürzt. Die Männer an den Tischen schweigen. Niemand sagt etwas, niemand äußert sich, keiner nimmt Stellung. Einige Männer weinen. Die Vorgesetzten sehen weg.

Am 30. Januar sind wir im Stabsgebäude versammelt, um Görings Rede zum 10. Jahrestag der Machtergreifung der Nationalsozialisten zu hören. In Stalingrad ist es still geworden. Seit dem 16. Januar kann der Flugplatz Pitomnik nicht mehr angeflogen werden. Görings Rede ist ganz auf den Untergang der 6. Armee abgestimmt. Er vergleicht die eingeschlossenen Soldaten mit dem spartanischen König Leonidas und seinen 300 Männern, die vor zweieinhalb Jahrtausenden in einem Engpaß der Thermopylen gegen die Übermacht von Xerxes einen aussichtslosen, aber tapferen Kampf gekämpft haben: »Wanderer, kommst du nach Stalingrad, melde, du habest uns hier liegen sehen, wie das Gesetz es befahl!« Eisiges Schweigen herrscht unter uns Zuhörern. Sorge und Angst nehmen uns die Luft zum Atmen. Zögernd und bedrückt gehen wir auseinander.

Was ist aus dem Leutnant in Stalingrad geworden? Am 23. Januar 1943 ist das letzte deutsche Flugzeug in den Kessel geflogen. Damit war die Versorgung der eingeschlossenen 6. Armee beendet, der Untergang der Menschen dort besiegelt. Von meinem Leutnant kam kein Lebenszeichen mehr.

Fritzi, unsere Nachrichtenhelferin, erzählt uns, daß die letzten deutschen Soldaten am 2. Februar kapituliert haben. Danach wurde es still an der Wolga, der eisige Schnee und der Wind breiteten ein weißes, weiches Tuch über die Toten in der Steppe. Bei seinem Versuch, noch Kameraden aus dem Kessel zu retten, wurde der Offizier, das »Christkind« unserer Feier vom Heiligen Abend, mit seiner Mannschaft vom Himmel heruntergeschossen.

Obwohl uns Hunderte Kilometer von Stalingrad trennen, bekommen wir die Folgen der Katastrophe von Tag zu Tag mehr zu spüren. Aufgelöste Fronttruppen rücken in die Stadt ein. Die Soldaten sind verdreckt und verlaust, ihre Uniformen zerrissen. Sie stehen allein oder in kleinen Gruppen, Übriggebliebene, von ihren Truppenteilen Versprengte, hilflos auf den Straßen und blicken sich suchend um. Ihre Gesichter sind gezeichnet vom Schrecken des Krieges.

Was nun? Wohin? Wie geht es weiter?

Wir alle sind hilflos.

Während sich die Stadt mit zurückflutenden Truppen füllt, marschieren Regimenter der Waffen-SS, frisch aus der Heimat kommend, in Richtung Front. Vor und hinter ihnen bahnen sich Panzer den Weg, hört man das Geräusch ihrer Ketten. Wir Stabshelferinnen stehen am Straßenrand und sehen halbe Kinder in neuen, sauberen Uniformen an uns vorbeimarschieren. Sie singen, lachen und winken. Aus einem Brief von zu Hause weiß ich, daß mein 19jähriger Vetter Gerhard in »meine Gegend« kommen soll. Er hat nach dem Notabitur eine kurze Ausbildung zum Soldaten gemacht. Stunde um Stunde stehe ich auf der Straße und versuche, ihn unter den in den Tod marschierenden Jungen zu entdecken. Ich finde ihn nicht.

März 1943. Die Russen rücken unaufhaltsam vor. Das 200 Kilometer von uns entfernte Charkow ist am 16. Februar gefallen und noch einmal zurückerobert worden. Wir können noch in Poltawa den hellen Widerschein des Geschützfeuers am Himmel sehen.

In den Stäben wird weiter gearbeitet, werden weiterhin ordentlich Protokolle geführt, zum Beispiel darüber, daß ein deutscher Soldat in der strengen Kälte auf der Straße Zivilisten im Lkw mitgenommen und am nächsten Ort abgesetzt hat. Ich kann nicht mehr verfolgen, was mit dem Lkw-Fahrer geschieht. Vielleicht steckt er schon in einem Strafbataillon.

Die Sowjets marschieren unaufhaltsam auf Poltawa zu. An einen geordneten Rückzug ist nicht zu denken, es fehlen Lkws, Loks, Waggons. Wir sollen uns auf eigene Faust irgendwie nach Rowno durchschlagen, erklärt der Major. Jede Fahrgelegenheit ist wahrzunehmen, heißt es. Ich finde keine Mitfahrgelegenheit. Alles ist übervoll. »Probieren Sie es woanders!« Überall die gleiche Antwort. Mir kommt die Idee, ein Fahrrad zu nehmen, aber ich verwerfe den Gedanken gleich wieder. Bei dieser Kälte käme ich nicht weit. Da und dort taucht noch eine Nachrichtenhelferin auf. Fritzi ist schon weg.

Ich werde unruhig, Panik ergreift mich. Ich laufe zurück ins Büro, will sehen, wer noch da ist, und treffe als erstes auf den Major. Sein Blick verheißt nichts Gutes. »Was treiben Sie sich hier noch rum?« schreit er mich an. Was soll ich machen? Weiß er nicht, was sich da draußen abspielt? Es sind zu viele, die aus der Falle herauswollen. Ich beiße die Zähne zusammen, wie ich es gelernt habe, »reiße mich zusammen«, wie sich das gehört, und verschwinde. Vor Angst bin ich schweißgebadet. Wohin? Der Hauptmann der Nachrichtenabteilung fällt mir ein, unser heimliches Abhören des Moskauer Rundfunks.

Ich laufe zu ihm, berichte, was ich mit meinem Vorgesetzten erlebt habe, daß ich fürchte, alle aus meiner Dienststelle könnten schon weg sein und mich zurücklassen. Noch während er mir zuhört, zieht sich der Hauptmann seinen Mantel an und läuft mit mir zu Major Sch. Auf dem kurzen Weg zum Stabsgebäude fühle ich mich beschützt inmitten des Chaos und habe keine Angst mehr. Mit knappen Worten erreicht der Hauptmann, daß der Major mir eine Mitfahrgelegenheit verschafft. »Sie sorgen dafür, daß die Stabshelferin wohlbehalten nach Rowno zurückkehrt!« Mein Vorgesetzter steht mit leicht gespreizten Beinen, beide Hände auf die Tischplatte gestützt, und starrt auf den Tisch. Das tut er oft, so vermeidet er, jemandem in die Augen zu blicken. Er, der mit Worten sonst um sich schlägt, macht den Eindruck eines geprügelten Knaben. Hinter seinen Schläfen pulsiert das Blut. Sein kleiner, drahtiger Körper schrumpft selbst vor dem untergeordneten Dienstgrad zusammen. Wegen des energischen Auftretens des Hauptmanns? Der vielen Frontauszeichnungen an seiner Uniform? Als wir am nächsten Tag Poltawa verlassen, ist ein Platz im Auto des Majors für mich frei.

Um uns herrscht Weltuntergangsstimmung. Es heißt, die Sowjets stehen vor der Stadtgrenze. Unser Stabshelferinnenhaus wird in wenigen Stunden bis an die Dachrinne von deutschen Kampfeinheiten besetzt. Der Flügel im Gemeinschaftsraum ist zusammengebrochen. Er steht schräg auf dem Boden, ihm fehlt ein Bein. Ein Soldat hockt auf der Erde und klimpert in gebückter Haltung darauf herum. Als ich mein Zimmer betrete, um meinen Koffer zu holen, ist es bis an die Decke vollgestopft mit Munition, Gewehren, Kisten und Kasten. Auf der Erde sitzen, liegen und schlafen Soldaten. Ich muß über sie hinwegsteigen. Die Luft ist zum Schneiden, ein Gestank von Dreck und Schweiß. Von meiner persönlichen Habe finde ich fast nichts mehr. Schura, unsere Putzhilfe, habe ich seit Tagen nicht gesehen, aber die Sachen, die ich ihr versprochen hatte, sind verschwunden. Was wird sie, die »Volksdeutsche«, tun? Fliehen wie wir?

Das Chaos überwältigt mich. Ich kann mich nur bruchstückweise an die Flucht erinnern. Ich weiß nicht mehr, was auf dem Weg von Poltawa nach Shitomir, unserem ersten Halt, geschehen ist. Meine Erinnerung setzt erst nach der Ankunft in Shitomir wieder ein, und je mehr ich über die Stunden davor nachgrübele, um so weniger erinnere ich mich. Doch ich erinnere mich an das Verhalten der Mitfahrenden, behutsam, vorsichtig gingen sie mit mir um, als wir Shitomir erreicht hatten. Sie sprachen mit mir wie mit einer Kranken.

Während der Arbeit an diesem Bericht sprach ich mit Freunden über die Lücke in meiner Erinnerung. Man vermutete, ich sei vergewaltigt worden und hätte die Geschehnisse verdrängt. Aber das kam mir nicht plausibel vor. Ich wußte, wir waren zu sechst im Auto des Majors, drei saßen vorn, drei hinten, und ich war die einzige Frau. Und während ich darüber schrieb, was weiter geschah im Winter 1943 in der Ukraine, fiel es mir wie Schuppen von den Augen. Ich sah mich wieder im Fond des Autos des

Majors. Ich hörte mich schreien und toben, erinnerte mich plötzlich daran, wie ich in dem Wagen um mich geschlagen habe. Mein anderes Ich, die verzweifelte, ängstliche Kreatur, die mit dem Erlebten nicht mehr fertig wurde, kam zum Vorschein und warf die auferlegte Selbstdisziplin über Bord. Ich drehte durch, rastete aus, heulte, schrie, weinte. Kein »Halt den Mund!«, kein »Reiß dich zusammen!« mehr. Ich war wie von Sinnen. Ich war verrückt, verrückt vor Angst. Dieses Verhalten paßte nicht zu meinem Selbstbild. Das konnte nicht ich gewesen sein. Diesen Ausbruch hatte ich verdrängt.

Wir übernachten in Shitomir in einem Soldatenheim. Die Leiterin dieses Heims ist eine ältere Schwester, sie spricht leise und beruhigend auf mich ein. »Natürlich schläft sie in meinem Zimmer«, sagt sie und bietet mir ihr Bett an. Wohlige Wärme empfängt mich. An den Fenstern hängen Gardinen aus blauweißkarierten Wehrmachtsbettbezügen. Noch heute sehe ich sie vor mir. Ich bin zu erschöpft, um über das behutsame Verhalten der Mitfahrenden nachzudenken, und lasse mich sofort ins Bett fallen. Eine Matratze bin ich nicht mehr gewohnt, nur einen Strohsack. Ich schlafe fest bis in den späten Morgen des nächsten Tages. Wer war diese freundliche Schwester, die mir im März 1943 in Shitomir wie selbstverständlich ihr Bett anbot? Nach Monaten der Not, des Tötens und Sterbens umgibt mich das erste Mal wieder Geborgenheit. Ich schlafe tief und fest und ohne Angst.

Wir bleiben noch einen Tag. Shitomir ist in meiner Erinnerung ein Fleck mit vielen kleinen, geduckten Häusern und einer breiten, morastigen, aufgewühlten Hauptstraße. Im März hatte es zu tauen begonnen. Das Auto schafft es oft nicht, mit eigener Kraft aus dem Schlamm zu kommen. Wir alle müssen schieben. Ohne fremde Hilfe geht es manchmal nicht weiter. Erschöpft treffen wir schließlich in Rowno ein.

Das Leben auf den Straßen hier bietet das vertraute Bild

einer friedlichen Kleinstadt. Die Zahl der Geschäfte hat sich vermehrt, doch die Auslagen sind kärglich geblieben. »Reichsdeutsche« in Zivil bevölkern die Straßen, sie haben an die Parole einer »Zukunft im Osten« geglaubt. In Rowno wird die deutschsprachige »Ukraine-Zeitung« herausgegeben und gedruckt. Alle Flüchtlinge kommen in Notquartieren unter.

Ich bin nicht die letzte geflüchtete Frau. Auch nach mir kommen noch Nachrichtenhelferinnen in Rowno an, zum Teil mit schweren Erfrierungen. Man hatte sie in Poltawa in ein Eisenbahnabteil gesetzt und dieses einem Güterzug angehängt. Die Lokomotive jedoch wurde auf freier Strecke abgekoppelt, weil man sie anderweitig brauchte. Bis man sich ihrer erinnerte und sie aus der klirrenden Kälte heraushoIte, warteten die Frauen eine ganze lange Nacht auf den Gleisen.

In einer Mansarde, die früher als Waschküche diente, finde ich eine Bleibe. Das Dach ist undicht. Es tropft herein. Gefäße zum Wasserauffangen zu finden ist unmöglich. Es ist lausig kalt und feucht. Ich versuche, unter dem Waschkessel Feuer zu machen. Trockenes Holz ist nicht aufzutreiben. Mit Kleid und Mantel lege ich mich ins Bett. Das Bett wurde hereingestellt, als ich kam, und ist das einzige Möbelstück. Nachts höre ich ein Flüstern durch die Wände. Ich finde nicht heraus, woher das Wispern kommt. An der Stiege gibt es noch eine kleine verriegelte Tür. Kann es sein, daß hinter der Dachschräge Menschen leben? Wer hält sich dort versteckt? Soldaten? Juden? Partisanen? Oder nur ein harmloses Liebespaar? Es käme mir wie Verrat vor, würde ich anderen davon erzählen.

Für die zurückflutenden Menschen sind die sanitären Anlagen in Rowno vollkommen unzureichend. Latrinen müssen gebaut werden. Eine dieser Einrichtungen – speziell für Frauen – wird am Rande des Ortes mit Blick aufs freie Feld errichtet. Wir Mädchen nennen sie den »Sechssitzer«. Er ist primitiv nach drei Seiten mit Holzplatten abgedeckt. Durch die breiten Ritzen pfeift uns der rauhe

Ostwind um den Hintern, ich habe Sorge, daß ich mir die Blase erkälte. Sobald ich die Latrine gemeinsam mit anderen Frauen benutzen muß, plagen mich Schamgefühle. Die anderen scheinen nicht so empfindlich zu sein und verrichten ungeniert das, was nun einmal nötig ist. Umständlich bringen sie ihre manchmal dreifach übereinandergezogene Winterkleidung in Ordnung und verschwinden grußlos, während ich beim Betreten der Latrine jedesmal verunsichert überlege, ob ich nun grüßen soll oder nicht.

Mein Waschküchenquartier teile ich mit einer Taube. Durch ihr geräuschvolles Flattern entdecke ich sie hinter der Fensterscheibe. Auch sie betrachtet mich aufmerksam. Wir mustern uns in stummer Zwiesprache und gewöhnen uns aneinander. Eines Tages pocht sie mit dem Schnabel an die Scheibe und bedeutet mir so, daß sie eingelassen werden will. Sie hebt das eine Bein auf die Fensterbank, dann das andere, wartet, daß ich sie füttere, und flattert in ihre Ecke zurück. Daß mir die kleine Kreatur ihre Zuneigung beweist, macht mich froh. Wenn ich in meine Unterkunft komme, ist mein erster Gedanke: Wo steckt sie? Hockt sie hinter der Scheibe, bin ich nicht allein. Ist sie fort, fühle ich mich einsam. Schaut sie mich mit ihren grauen, ernsten Augen an, wünsche ich mir, sie könnte mich einmal anlächeln. Ich sehne mich nach ein wenig Freundlichkeit.

Was und wo ich in diesem letzten Monat in Rowno gearbeitet habe, weiß ich nicht mehr. Aber ich erinnere mich an Frau von W., die immer noch im Vorzimmer des Stabes Ia arbeitet. Als wir uns in Rowno wiedersehen, berichte ich ihr, daß mich Major Sch. wie einen wertlosen Schuhkarton in Poltawa zurücklassen wollte. Frau von W. ist empört und bedrängt mich, dem Stab den Vorfall schriftlich mitzuteilen, sie persönlich werde Oberst von K. meine Meldung vorlegen. Sich über einen Stabsoffizier beschweren? Ich lasse den Gedanken wieder fallen, doch beharrlich erinnern mich Frau von W. und andere in ihrer Dienststelle bei jedem Treffen an die Meldung. Ich verspreche mir nichts von einer Beschwerde, setze mich aber schließlich hin und schildere auf einem Bogen Papier, was mir widerfahren ist. Achim vom Kriegsgericht unterstützt meine Absicht und korrigiert das eine und andere Wort. Auch sein Vorgesetzter, der Reichsgerichtsrat, liest den Entwurf und ist für meine Meldung. Ich gebe mein Schreiben im Vorzimmer des Stabes ab, begleitet von Frau von W.s aufmunternden Blicken.

Bald läßt sie mich wissen: Der Major muß sich entschuldigen, und diese Entschuldigung soll in Gegenwart von Offizieren stattfinden. Wir versammeln uns in einem neutralen Raum des Stabes. Der Major läßt auf sich warten. Ich, das Sandkorn im Getriebe, das für einen Augenblick die Speichen des Büroapparates stillstehen läßt, warte im Kreise ernst und würdig blickender älterer Offiziere und weiß nicht, in welche Ecke ich mich stellen soll. Die Männer sehen aus wie Sekundanten vor einem Duell. Wer ist für, wer gegen mich? Ihnen ist anzusehen, wie peinlich ihnen der Auftritt ist. Wenn sie wüßten, wie peinlich er mir ist. Ich spüre ihre Empörung darüber, daß eine 23jährige Stabshelferin einen solchen Aufstand macht. Andererseits ist allgemein bekannt, daß der Major seine Soldaten entwürdigend behandelt. Man vermeidet, mich anzusehen. Auch ich weiß nicht, wohin ich blicken soll. Da tritt der Major mit wiegenden Schritten in den Raum. Forsch kommt er auf mich zu, gibt mir lasch die Hand und sagt: »Ich entschuldige mich für meine Worte!« Mehr nicht. Sein Händedruck verursacht mir Unbehagen. Er duftet nach Eau de Cologne. Rasch dreht er sich um und verläßt eilig den Raum. Die Offiziere folgen im Gänsemarsch. Ich bleibe wie eine Törin allein zurück. Erst später begreife ich, daß man mich hereingelegt hat. Der Major sollte sich für sein Verhalten entschuldigen, statt dessen entschuldigt er sich für die lächerlichen Worte. Ein Affe und eine Äffin ... Was für eine miserable Zirkusvorstellung.

Unerwartet erhalte ich den Anruf des Hauptmanns aus Poltawa, dem ich es verdanke, daß ich nicht zurückgelassen wurde. Er ist mit seinen Leuten unterwegs zu einem neuen

Frontabschnitt und erkundigt sich, ob ich gut nach Rowno gekommen bin. Vielleicht könnten wir uns vor seiner Weiterfahrt noch zehn Minuten sehen? Ich freue mich und hoffe, von ihm ein offenes Wort zu unserer Lage zu hören. Der Hauptmann ist Nachrichtenoffizier und sicher gut informiert. Aber meine Enttäuschung ist groß. Er redet von Hitler als »Adolf«. So als ob er »Adolf« kennen würde, mit »Adolf« befreundet wäre. »Adolf« wird es schon richten. »Wir halten durch bis zum Endsieg«, verkündet der Hauptmann großartig. »Wir kapitulieren niemals! Wir gehen nicht zurück!« Ich staune, denn das tun wir doch die ganze Zeit. Ich merke, daß wir verschiedene Sprachen sprechen. Eine Viertelstunde später sehe ich ihn die leicht ansteigende Hauptstraße zu seiner Einheit zurückgehen.

Während meiner letzten Tage in Wolhynien bedrücken mich Mangel und Not weniger als die Bilder der Vergangenheit. Die Schreckensmeldungen nehmen kein Ende. Meine Schwester Friede schreibt mir, daß unser Vetter Gerhard gefallen ist. Er habe sie vor seiner Abfahrt an die Ostfront noch von Berlin-Wannsee angerufen. Sie habe ihm ein großes Paket mit Lebensmitteln an den Zug gebracht. Ich sehe den kriegsfreiwilligen Neunzehnjährigen vor mir, den ich in Poltawa vergeblich gesucht habe. Als Schüler hat er von einem Jurastudium nach dem Krieg gesprochen. Nun schreibt sein Kompanieführer von einem Kopfschuß und daß er sofort tot gewesen sei. Das ist die übliche Formulierung für die Angehörigen. Seine Kameraden werden es schwer gehabt haben, ein Grab für ihn zu schaufeln. Die russische Erde war steinhart im März 1943.

Alle Stabshelferinnen, die ein Jahr und länger in der Ukraine Dienst getan haben, werden im Frühjahr 1943 abgelöst. Es heißt, daß wir in unseren Heimatorten einen neuen Einsatzbefehl erhalten. Einige sind schon nach Hause gefahren, andere warten noch auf die Rückreise. Schließlich trifft auch meine Nachfolgerin ein: Vor mir steht ein junges Mädchen mit Stöckelschuhen, ein dünnes

Ilse Schmidt, 1941, mit Stabshelferinnen-Abzeichen

Linke Seite: Der »Leutnant aus Paris« – In Paris, Februar 1941, rechts Ilse Schmidt – Die Mitarbeiter der Pariser Dienststelle
Rechte Seite: Mit Marianne

Linke Seite: Mit Anne und ihrem Freund am Strand von Arcachon 1942 – Im Straßencafé, rechts im Bild Mariannes »Vater«
Rechte Seite: Die Dienststelle der Wehrmachtpropaganda-Abteilung Südost in Belgrad 1941, untergebracht im ehemaligen Postministerium im Zentrum der Stadt. – »Deutschland siegt an allen Fronten!« Parole am Dienstgebäude des Senders Belgrad

Die Trümmer des Belgrader Kronats, ehemaliger Sitz des serbischen Königs
Rechte Seite: Prinz-Eugen-Tor am Fuß des Belgrader Zitadellenfelsens 1941 – Der Kalemegdan, die Belgrader Burg oberhalb der Save

Major L., ehemaliger Oberbürgermeister von Berlin, (rechts) mit Feldmarschall List – Das Wohnhaus der Stabshelferinnen in Dedinje

Rechte Seite: Im Casino – Bild Mitte und unten: Ilse Schmidt mit dem Stabszahnarzt

KINO
KASINA
V

Linke Seite: Die Terazije, der verkehrsreichste Platz im Zentrum von Belgrad
Rechte Seite: Mit Oberstleutnant Henner M.

Linke Seite: Donaureise 1941, von rechts nach links: Sonderführer K., Sprecher von Sender Belgrad, die Stabshelferinnen Sonja und Ilse Schmidt, Oberstleutnant Henner M. – Während der Fahrt zum Eisernen Tor, hinten links Ilse Schmidt, vorn Mitte Sonja
Rechte Seite: Weihnachten 1941. Schmücken des Saales – Weihnachtsfeier

Weihnachtsfeier 1941 in Belgrad
Rechte Seite: Ilse Schmidts Büro bei der Dienststelle Kommandeur des Streifendienstes in Rowno, 1942 – Im Gemeinschaftsraum der Dienststelle, links im Bild Oberst B. – Feier im Gemeinschaftsraum, Ilse Schmidt in der Mitte der unteren Sitzreihe

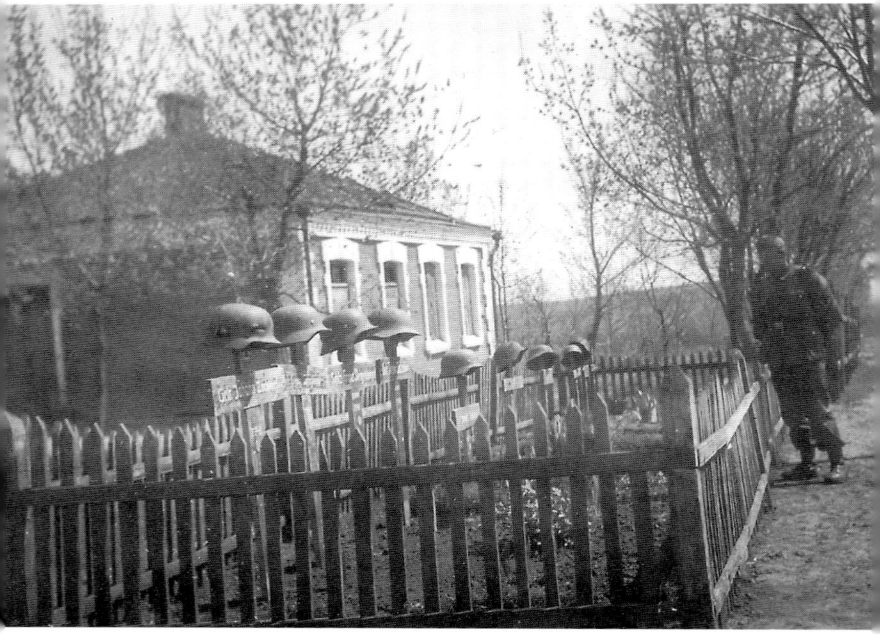

Linke Seite: Mit Achim und Ellen, Sommer 1942 – Soldatenfriedhof in Rowno
Rechte Seite: Ankunft in Kiew 1942

Rast auf dem Bahnhof in Kiew – Sitz des Befehlshabers der Wehrmacht in Poltawa

Rechte Seite: Parkanlage mit Denkmal für den Sieg Peter des Großen über Schweden in Poltawa – Die Mitarbeiter der Dienststelle Poltawa, vorn Major Sch.

Kinder in Poltawa – 19. Februar 1943, wenige Tage vor der Flucht aus Poltawa, dritte von links Ilse Schmidt

Von 1 bis 6

Von 1 bis 6, das ist die Zeit,
wo Baby nach der Flasche schreit,
wo es die ersten Schritte macht,
in raschem Wechsel weint und lacht,
wo aus dem Säugling unbeirrt
langsam ein Bub, ein Mädel wird.
So wachsen sie von Jahr zu Jahr —
voll Stolz verfolgt's das Elternpaar.

Von 1 bis 6, die Jahre fliehen,
man spricht von Schule und Erziehen.
Der Bub steht plötzlich vor'm Katheder
— es gab schon was aufs Hosenleder —
und denkt dabei: Wie war vordem
das Leben doch so angenehm.
Für jeden Fehler, jeden Klecks
droh'n jetzt Zensuren — 1 bis 6.

Welt ist doch nicht ohne — alle Achtung!
nt Fips in Bäuchlings-Säuglings-Weltbetrachtung.

Wer ganz begreift, was dieses Bild enthält,
der kann nur seufzen: arme Männerwelt!

Klein-Eva, taufrisch wie
der junge Morgen,
braucht sich noch nicht
um „Punkte" sorgen.

Noch ist es Spiel, noch
kommts ihm nicht zu teuer,
doch später: Wehe, läßt er
eine Frau ans Steuer!

Der Pieter strahlt vor Freundlichkeit,
er weiß schon: damit kommt man weit!

Text: Konradin *Aufnahmen: Hedda Walther*

Hauptschriftleiter: Heinz Mentzel Stellvertreter: Fred-Erich Uetrecht Verlag „Die Wehrmacht" K.-G., Berlin SW 68, Schützenstr. 18-25, Fernruf 174721. Postscheckkonto Berlin Nr. 382 / Alleinauslieferung, Anzeigenverwaltung und Druck: Berliner Verlagsanstalt GmbH., Berlin SW 68 Schützenstr. 18-25 / Verantwortlich für Anzeigen: Dr. Horst Harff, Berlin.

Kinderportraits in der Zeitung »Unser Heer«, deren Hauptschriftleiter Henner M. war

Rom, Spanische Treppe, 1943

Der Sitz der Dienststelle Wirtschaftsabteilung der Deutschen Botschaft in Rom

Mit Konstantin, 1943

Mäntelchen um den zierlichen Körper. Sie sei Friseuse, sagt sie verschüchtert. Ich erschrecke wie damals, als Ellen in der Tür stand. Nur ist mein erster Gedanke diesmal: »Kehr wieder um, fahr nach Hause.« Soll ich ihr sagen, daß der Krieg jedes Denken und Fühlen tötet? Soll ich ihr von dem verrückten Chef erzählen, der sie erwartet? Hier wird nichts anderes als eine funktionierende Maschine gebraucht. Ich bin bereit, sie ehrlich über alles zu informieren, da packt mich die Furcht. Und wenn sie Angst bekommt – die Angst guckt ihr ja aus den Augen – und wieder umkehrt? Ihre Haare, hellblond gefärbt, haben einen grünlichen Schimmer. Die Qualität der Färbemittel ist wohl nicht mehr gut. Es ist aberwitzig. Die Frauen und Mädchen, die unsere Nachfolge antreten, sind Schneiderinnen, Putzmacherinnen, Mannequins und Friseusen. Sie haben Berufe, die nach der totalen Kriegserklärung von Göbbels als verzichtbar gelten. Hier werden sie im Schnellkurs zu weiblichen Soldaten umfunktioniert. Ich entschließe mich, dem Mädchen nichts zu sagen, denn wenn sie geht, muß ich bleiben. Mein einziger Gedanke ist: Nur weg von hier! Aber ihr erschrecktes Gesicht begleitet mich noch lange auf der Heimreise.

Der Weg nach Berlin führt über das nordwestlich von Rowno gelegene Kowel. Ich bin die einzige Frau in einem Fronturlauberzug. In Kowel befindet sich eine Entlausungsstation. Jeder, der aus der Ukraine kommt, muß durch die Desinfektionsbaracke. Die Prozedur geht rasch vorüber. Man bekommt ein Papier in die Hand gedrückt, das besagt, daß man frei von Ungeziefer und berechtigt ist, den Heimatzug zu benutzen. Schon stehe ich mit meinem Gepäck auf dem Bahnsteig und warte auf den Zug nach Hause.

Auf dem Nebengleis läuft ein Zug ein, der Soldaten, die direkt von der Front kommen, auf Urlaub nach Deutschland bringen soll. Einige Soldaten springen und stolpern schon während des Einfahrens aus ihren Waggons und laufen über die Gleise, an mir vorbei zu den Entlausungsbaracken. Es fällt mir auf, daß keiner mich anblickt. Die einen halten den Kopf gesenkt, die anderen sehen an mir vorbei. Es ist spürbar, daß etwas in der Luft liegt. Da ruft auch schon der erste: »Fick sie, die alte Sau! Fick sie!« Die anderen fallen ein. Immer wieder brüllen sie und können sich nicht beruhigen. Ich kann kaum meine Gedanken ordnen. Ich stelle mir vor, ich stünde auf dem Feld gegenüber, hinter den Büschen, allein. Ihr Verhalten, ihre vulgäre Sprache treiben mir die Schamröte ins Gesicht. An meiner Kleidung ist nicht zu erkennen, wer ich bin. Eine Deutsche? Eine Ukrainerin? Eine Polin? Was hat der Krieg aus diesen Männern gemacht? Unwillkürlich überfällt mich ein heißes Mitgefühl mit ihnen. Ich sehe in ihre verdreckten, entstellten Gesichter. Viele tragen Bärte. Wer sind sie? Sind sie alt? Sind sie jung? Ich kann es nicht erkennen. Namenlose Männer mit Kriegserfahrungen sind es, die jetzt nach Hause fahren und sich selber »Frontschweine« nennen.

Der Zug fährt über Brest, Warschau, Königsberg nach Berlin. Zum ersten Mal sehe ich einen Teil von Ostpreußen. In Königsberg steigen die meisten Soldaten aus, und die Abteile füllen sich mit Zivilisten, vorwiegend Frauen. Ihre Gespräche drehen sich um Alltägliches, um Familienangelegenheiten und geschäftliche Dinge. Kein Wort vom Krieg. Es scheint, als wären die Menschen ahnungslos und voller Gutgläubigkeit. Ich sehe Kriegsmütter, Frauen, die ihre Söhne und Männer dem Schlachtfeld opfern. Nehmen sie den Krieg als Naturkatastrophe hin? Tragen sie »stolze Trauer«, wenn ihre Männer von Granaten zerfetzt, an Laternenmasten aufgehängt, in Panzern verbrannt oder an die Wand gestellt und hingerichtet wurden? Ich fühle mich fremd zwischen diesen Menschen, ich kenne diese Art Leben nicht mehr. Ich bin müde von all dem Unbegreiflichen. Ich sage nichts.

Wir nähern uns Berlin. Nach einem Jahr sehe ich die Stadt wieder. In den Straßen klaffen große Lücken, ganze Häuserreihen sind durch Bomben zerstört. Trümmer, Staub,

Elend. Meine Schwester schrieb von drei Großangriffen im März, von Toten und Obdachlosen. Der Zug läuft im Fernbahnhof ein. Fremde Menschen hasten eilig vorüber. Die Stadt ist mir fremd geworden. Ich bin mir fremd geworden.

Berlin Tirpitzufer

Zu Hause. In einer Ecke meines Zimmers stehen meine Skier. Ich bin empört: »Warum habt ihr sie nicht beim Aufruf ›Skier für die Wehrmacht im Osten‹ abgegeben? Ein Soldat in der verschneiten Steppe oder im Kaukasus hätte sie gebrauchen können.« »Du tust gerade so, als hinge der Ausgang des Krieges von einem Paar Skier ab«, entgegnet mein Vater. »Wir wußten nicht, ob wir sie für diesen Scheibenkleister hergeben sollten.« »Scheibenkleister« sagte er mehrmals am Tage. Daß der Krieg Unheil bringt, muß nicht erörtert werden, es liegt unausgesprochen in der Luft. Jeden Tag erwarten wir voller Angst den Briefträger. Wer ist gefallen? Geredet wird in unserer Familie nach wie vor nicht viel, schon gar nicht über persönliche Dinge. Nur wenn in Vaters Betrieb etwas schiefläuft, geht es heftig zu.

Wochen vergehen. In Rowno hieß es, wir sollten an unseren Heimatorten die Nachricht für einen neuen Einsatz abwarten. Ich behalte die Erlebnisse des vergangenen Jahres für mich und trage sie mit mir herum. Dabei hätte ich in meinem Vater einen Verbündeten gehabt, er teilt meine Ansichten über den Krieg. Aber anders als ich flüchtet er sich weiter in Illusionen. Seine Geschäfte gehen immer noch gut, er hat Geld gemacht mit seinen Lieferungen an die Garnisonen in Potsdam. Eines Abends, als wir beim Essen zusammmensitzen, sagt er zu Friede und mir: »Wenn ihr heiratet, kriegt jede von mir ein Haus geschenkt!« Ich weiß keine Antwort. Heiraten, ein normales Leben führen, das erscheint mir kaum vorstellbar … Ich muß an die denken, die gefallen sind. Sie sind tot, und ich soll ein Haus bekommen. Absurd.

Güterfelde liegt nahe Potsdam, und wir erleben aus nächster Nähe die nächtlichen Fliegerangriffe auf Berlin. Mein Vater hat gemeinsam mit den Nachbarn eine Art Bunker gebaut, gut abgestützt mit dicken Balken. Ich fühle mich in diesem Erdloch wie in einer Mausefalle und gehe bei jedem Angriff mit Widerwillen hinein. Wir hocken, mehrere Kleidungsstücke übereinandergezogen, mit einem Köfferchen wichtiger Papiere und eingezogenem Kopf dichtgedrängt zusammen und hören über uns das Dröhnen der Flugzeugmotore. Werfen sie ab? Oder werfen sie nicht ab?

Einem unbekannten Soldaten haben wir es zu verdanken, daß unser Haus nicht abbrennt. Als wir während eines Alarms im Bunker hocken, steht er draußen und will nicht in das Erdloch. Er sieht, wie Brandbomben durchs Dach schlagen, rennt ins Haus und löscht die Brandstäbe. Er tut es wie selbstverständlich. Nach der Entwarnung betrachten wir den Schaden, sehen die verglühten Brandstäbe. Bevor wir uns für seine beherzte Tat bedanken können, ist der Soldat auch schon in der Dunkelheit verschwunden. Wenigstens nach seinem Namen hätten wir fragen sollen.

Im Geschäft meines Vaters arbeitet ein französischer Kriegsgefangener. Er heißt Henri. In einer ehemaligen Omnibusgarage am Ortsrand von Güterfelde ist eine Schlafstelle für französische Kriegsgefangene eingerichtet worden, die tagsüber in deutschen Betrieben arbeiten. Als ich 1941 für ein paar Tage aus Frankreich nach Berlin zurückgekommen war und Henri begegnete, konnte ich, die »deutsche Siegerin«, meine Befangenheit dem »besiegten Franzosen« gegenüber nicht überwinden. Jetzt ist das anders. Henri sitzt mit uns am Tisch und bekommt dasselbe Essen. In einer Kammer bewahrt er seine persönliche Habe und seine Ersparnisse auf. Hier sind sie sicherer, sagt er. Fehlt einmal der dritte Mann zum Skat, muß Henri her. Im Ort kennt ihn jeder. Er hat lachende Augen und ist ein fröhlicher Mensch, von Beruf Schlächter. Zu Hause wartet eine junge Madame auf ihn. Von deutsch-französischer

Feindschaft spüren wir nichts. »Cette guerre n'est pas la notre.« – Dieser Krieg ist nicht unser Krieg, ist die stumme Abmachung zwischen uns.

Die »Fraternisierung« ist in dem Moment vollzogen, als mein Vater bei einem Bauern »schwarz« ein Schwein kauft, worauf schwere Strafen stehen, und Henri es im abgedunkelten Keller schlachtet. Nun stecken wir alle unter einer Decke. Pech nur, daß Salz- und Zuckernapf zu dicht nebeneinander stehen und Henri beim Wurstmachen immer in den Zuckernapf greift. Wer je solche Würste gegessen hat, weiß, wie sie schmecken.

In die Wochen des Wartens fällt die Nachricht vom Tod meines Jugendfreundes Alexander. Er hatte meinem Vater bei seinem letzten Besuch erzählt, daß er von seiner Geschützstellung die Türme seiner Geburtsstadt sehen konnte. Alexander war vor dem Ersten Weltkrieg als Kind deutscher Eltern in Petersburg geboren worden. Nach der russischen Oktoberrevolution zogen seine Eltern mit der Familie nach Deutschland. Wenige Wochen vor seinem Tod hatte er mir Grüße nach Poltawa geschickt und gefragt, ob wir unseren Urlaub gemeinsam verbringen und alle zusammen »ein großes Fest feiern« wollten. Ich schrieb, daß ich ihn gern wiedersehen würde. Was er mit dem großen Fest meinte, wußte ich nicht. Beklommen legte ich damals den Brief beiseite, als ahnte ich, es würde kein Wiedersehen geben. Mit großen, aufrechten Buchstaben hatte er geschrieben: »Alles, was einmal schön war, ist gestorben.« Ist ihm, dem Anhänger Hitlers, in seiner Geschützstellung vor Leningrad die Sinnlosigkeit des Krieges bewußt geworden?

Als wir uns kennenlernten, war ich 17 Jahre alt. Ich hatte mich gerade fotografieren lassen, und der Fotograf stellte mein Bild ins Schaufenster. Am nächsten Tag war es aus der Auslage verschwunden. Daß Alexander der Käufer war, fand ich schnell heraus. Er liebte das Bild und trug es in seiner Jacke bei sich. Alexander, der Begleiter meiner Mädchenjahre, lebt nicht mehr. Ich gehe in mein Zimmer.

Verriegle die Tür, damit niemand sieht, wie sehr ich um ihn weine.

Eines Tages kommt von der Abteilung »Ausland/Abwehr« die schriftliche Aufforderung, mich in Berlin am Tirpitzufer 74/76 zu melden. Ich stelle mich vor. Der Korvettenkapitän hinter seinem Schreibtisch blättert in meinen Personalpapieren. Die Papiere scheinen geprüft und wohlwollend beurteilt worden zu sein. Ich werde eingestellt. Mein Dienst beginnt am nächsten Tag bei der Abteilung »Ausland/Abwehr III«, die dem Admiral Canaris unterstellt war.

Die tägliche Fahrtzeit von Güterfelde zum Tirpitzufer und zurück beträgt drei Stunden. Manchmal sind die Schienen der Vorortbahn durch Bomben zerstört, und ich muß versuchen, per Anhalter weiterzukommen. Die Autobesitzer sind verpflichtet, nach Bombenangriffen jeden auf der Straße Winkenden mitzunehmen.

Die Tätigkeit in der Abteilung Canaris ist vielseitig und interessant. Mein neuer Chef ist Korvettenkapitän R. Nach meinen Erfahrungen mit dem Major in Poltawa ist sein Benehmen Balsam für meine Seele. Er habe viele Jahre in Amerika gelebt und in New York das Hapag-Lloyd-Büro geleitet, dort wohnten Freunde von ihm, erzählt er mir bedenkenlos. Kein Nazi hätte so gesprochen. Nicht nur der höfliche Ton bei der Arbeit, auch die Gemeinsamkeiten im Umgang tun gut. Wir grüßen uns mit »Guten Morgen« und »Auf Wiedersehen«. Darüber, daß der Krieg verloren ist, sind wir uns unausgesprochen einig. Wenn ich morgens ins Büro komme und die Tür hinter mir zumache, fühle ich mich beschützt und geborgen. Hier kann dir nichts mehr passieren, denke ich.

Viele Offiziere in der Dienststelle tragen Zivil. Außer den Mitarbeitern meiner Abteilung kenne ich niemanden. Namen werden nicht genannt. Admiral Canaris hat seine Diensträume von Berlin nach Zossen verlegt, ist aber oft im Haus. Auf dem Weg in die Kantine sagt eines Tages eine Kollegin: »Das ist Admiral Canaris« und zeigt auf einen schmalen, unauffällig wirkenden Herrn in grauem Zivilanzug, der eben im Begriff ist, in den Fahrstuhl zu steigen. Hätte sie mich nicht auf seine Person aufmerksam gemacht, wäre ich nie auf den Gedanken gekommen, daß er der berühmte Abwehrchef sein könnte. Später sehe ich ihn öfter im Gespräch mit Offizieren auf unserem Korridor. Immer trägt er Zivil.

Mit »heißen Sachen« komme ich nicht direkt in Berührung. Ich arbeite bei der Abwehr III, der Spionageabwehr. Abwehr I ist die Erkundung (geheimer Meldedienst), Abwehr II der Chiffrier- und Funkhördienst. Meine Arbeit besteht darin, Schulbeispiele für Vertrauensleute auszugsweise aus Originalakten abzuschreiben. Das sind oft gerade erst abgeschlossene Spionageverfahren, die aufgedeckt, also nicht mehr aktuell sind. Die »V«-Leute werden in einem Lager in Zossen ausgebildet, die von mir abgetippten Beispiele sind als Schulungsmaterial im Unterricht gedacht.

Aus dem Stapel seiner Unterlagen gibt mir mein Chef eines Tages eine Akte. Ein gerade abgeschlossenes Spionageverfahren soll zum Schulbeispiel umgeschrieben werden. Ich lese von einer Sofie in R. So wie die Person beschrieben wird, besteht kaum ein Zweifel, wer diese Frau ist. Als wir uns im vergangenen Jahr in Rowno von der charmanten Sofie nach ihrer Einladung zum Essen verabschiedeten, ahnte ich nicht, daß ich noch einmal mit ihr in Berührung kommen sollte. Die in dem Spionageverfahren erwähnte Frau hatte ein intimes Verhältnis mit einem hohen deutschen Offizier und unterhielt die Beziehung, wie zu lesen ist, um an wichtige militärische Dokumente heranzukommen. Bei passender Gelegenheit schüttete sie ein Betäubungsmittel in sein Weinglas. Während er schlief, suchte sie nach geheimen Plänen und Aufzeichnungen, fotografierte sie und gab sie an Mittelsmänner weiter. In der Akte wird die Intelligenz der Spionin hervorgehoben und mit welcher Vorsicht und Umsicht sie zu Werke ging, daß sie hübsch war und mehrere Sprachen beherrschte. Bis ihr

Treiben entdeckt wurde, vergingen Monate. Viele Jahre später habe ich erfahren, daß der deutsche General 1942 durch Sofies Mithilfe aus Rowno quasi »gestohlen« und von einer Partisanengruppe außerhalb der Stadt nach Moskau entführt worden war. Er wurde gezwungen, aus Moskau über den Rundfunk zu sprechen.

Ich sage nicht, daß ich Sofie kannte. Für alle Beteiligten ist es das beste, zu schweigen. Das habe ich gelernt. Warum Sofie zur Spionin wurde, darüber steht nichts in der Akte. Tat sie es freiwillig? Rächte sie den Verlust ihrer polnischen Heimat? War sie eine Patriotin, die mit den Deutschen abrechnen wollte? Oder machte sie Geschäfte mal mit der einen, mal mit der anderen Seite? Sie wurde zum Tode verurteilt und erschossen.

In der Abteilung ist es selbstverständlich, keine Fragen zu stellen. Es wird daher auch nicht nach dem Woher gefragt, wenn uns Offiziere mitten im »totalen Krieg« Bananen aus der neutralen Schweiz mitbringen. Sich darüber zu freuen ist erlaubt. Das Büro in der 3. Etage am Tirpitzufer 74/76 wird immer mehr mein Zuhause. Bei schönem Wetter gehe ich während der Mittagspause in den nahegelegenen Tiergarten und setze mich auf eine der Marmorbänke im Rosengarten, der immer noch gepflegt und eine kleine Oase ist.

Sybille, eine Kollegin, will weg aus der Bombenstadt Berlin. Ihr ist eine Tätigkeit in der Wirtschaftsabteilung der Deutschen Botschaft in Rom angeboten worden. Doch dann will Sybille ihre Mutter nicht allein in Berlin zurücklassen und entschließt sich zu bleiben. Rom, Italien – ein Land, das keine Bombenangriffe kennt, wo es Wärme und Sonne gibt, ein Paradies! Ich träume von einer Stadt ohne Sirenengeheul, in der man ohne Angst vor Bomben leben kann. Kurz entschlossen frage ich Sybille, ob ich mich um ihre Stelle bewerben könnte. Sie stellt es mir frei, und auf meine Anfrage kommt bald eine Zusage aus Rom.

Als ich Korvettenkapitän R. meinen Entschluß mitteile und ihn um Freigabe bitte, hält er mich nicht zurück, obwohl er das tun könnte, betont aber: »Wenn es Ihnen in Rom nicht gefällt, können Sie jederzeit wieder zu uns kommen!« Das freut mich zwar, aber ich werde nicht zurückkehren. Beim Abschied merke ich, wie schwer mir der Abschied fällt. Ich grüble, warum der Korvettenkapitän immer wieder erklärt: »Sie können jederzeit zurück!«

Auf der Fahrt nach Rom wird mir bewußt, daß ich das erste Mal selbständig in mein Leben eingegriffen, allein über meine Zukunft entschieden und unabhängig reagiert habe. Ich bin kein Hündchen mehr, das nur auf Befehle gehorcht. Plötzlich trifft mich ein Schlag, der Schock nimmt mir den Atem. Ich liege wie gelähmt in meinem Schlafwagenabteil. In den zurückliegenden Monaten ist mir nicht bewußt geworden, daß Henner keinen Steinwurf vom Tirpitzufer entfernt in Berlin arbeitet. Er ist tagtäglich in meiner Nähe gewesen. Wir hätten uns sehen können. Ich hatte die Erinnerung an Henner ausgelöscht. Erst jetzt, als ich auf dem Weg fort von ihm bin, kann ich die Erinnerung an ihn zulassen.

Italien

Rom

Rom – eine offene Stadt! Keine Verdunklung, keine Bombenangriffe. Gut gekleidete Menschen; keine Uniformen auf den Straßen, es gibt kein Militär in der Stadt. Am Bahnhof nehme ich mir eine Taxe. Auf der prachtvollen, baumbestandenen Via Veneto lenkt eine elegant gekleidete junge Frau eine zweirädrige kleine Kutsche. Sie hält die Zügel des Pferdes fest in der Hand, lacht und scherzt mit einem neben ihr sitzenden kleinen Jungen. Sind die beiden ein Hirngespinst? Es ist doch Krieg!

Meine neue Dienststelle, eine Wirtschaftsabteilung der Deutschen Botschaft, hat die Aufgabe, die deutschen Truppen in Italien mit Geldmitteln zu versorgen. Der oberste Chef ist gerade in Mailand. Man stellt mich zwei leitenden Herren vor, außerdem den Dolmetschern Martin, Konrad und Gisela. Im Zimmer neben mir sitzt meine Kollegin Käthe. Unsere Büroräume sind in einem villenähnlichen Haus untergebracht. Steige ich den mit Stuckwänden prachtvoll versehenen Aufgang und die gepflegte, mit roten Veloursteppichen ausgelegte Treppe hinauf, fallen mir unwillkürlich die bescheidenen, dunklen Dienstzimmer am Tirpitzufer in Berlin ein.

Ich wohne in der Pension einer Südtirolerin in der Via del Babuino, einer belebten Straße mit vielen Kunsthandlungen in unmittelbarer Nähe der Spanischen Treppe. Meine Zimmernachbarinnen sind Mädchen vom Deutschen Nachrichtendienst, einer Presseagentur. Das Frühstück genießen die italienischen Pensionsgäste im Speiseraum in eleganten Schlafanzügen, ihre Füße stecken in Pantoffeln. Jeden Morgen erscheinen die Herren in einem andersfarbigen Pyjama. Ich brauche Zeit, mich an die Eigenarten meiner Mitbewohner zu gewöhnen. Die Menschen hier machen den Eindruck, als wären sie nie mit dem Krieg in Berührung gekommen und hätten seine Schrecken nicht miterlebt.

Es ist Juni. Der Hochsommer 1943 in Rom ist ungewöhnlich heiß. Das Leben beginnt abends, wenn die Hitze nachläßt. Von den Dachgärten hört man Lachen, die Menschen spazieren durch die Straßen. Die Römer haben selbst zu später Stunde oft ihre kleinen Kinder bei sich. Man ißt und trinkt, sitzt in hellerleuchteten Restaurants. Bis Mitternacht ist es laut auf den Straßen. Ich muß oft an meine schmale, blasse Nachfolgerin in Rowno denken und daran, daß auf Berlin vielleicht gerade Bomben fallen.

Der Vater unseres Dolmetschers Martin ist deutscher Konsul in Rom. Bei einer Einladung lerne ich auch Martins Mutter und seine Schwester kennen. Nach Göbbels' beschwörender Frage: »Wollt ihr den totalen Krieg?« und den verschärften Kriegsmaßnahmen droht Martin, der drei Jahre älter ist als ich, die Einberufung zur deutschen Wehrmacht. Das ärztliche Attest eines italienischen Arztes bescheinigt ihm, daß er chronisch krank ist. Wir haben von dieser angeblichen Krankheit nie etwas bemerkt. Der italienische Soldat sagt: »Io faccio il soldato«: Ich mache Soldat. Der deutsche sagt: »Ich bin Soldat«. Martin wird weder Soldat »machen« oder sein, der Heldentod bleibt ihm erspart. Ich versuche, ihn meine Verbitterung darüber, daß er auf diese Weise seinen Kopf aus der Schlinge ziehen kann, nicht merken zu lassen. Ob ich will oder nicht, ich muß an die vielen Männer denken, die ich kannte und die gefallen sind. Eigentlich sollte ich froh sein, daß Martin heil davonkommt.

Und ich sollte mich darüber freuen, in Italien zu sein, weit weg vom Kriegsgeschehen. Aber das Wohlleben, das hier geführt wird, bleibt mir fremd. Warum kann ich nicht wie die anderen die Annehmlichkeiten des Lebens hier genießen? Den Krieg einfach ignorieren? Doch was ich erlebt habe, läßt sich nicht verdrängen. Die Erinnerungen brechen immer wieder auf. Ich fühle mich dem ungewohnten Leben nicht gewachsen. Wieder bekomme ich starke Halsschmerzen. Was ist los mit mir? Habe ich nicht erreicht, was ich wollte? Ich bin weg von den Bomben, weg vom Krieg, habe meine Haut in Sicherheit gebracht und fühle mich dennoch nicht wohl. Mein Vorgesetzter in Berlin, Korvettenkapitän R., ahnte wohl, daß mir das Leben in Rom nach dem Jahr in der Ukraine Konflikte bereiten würde, und hatte mir darum angeboten, ich könnte jederzeit ans Tirpitzufer zurückkehren. Alle, die dich lieben, freuen sich, daß es dir jetzt gutgeht, versuche ich mir einzureden. Aber ich bin unglücklich und traurig. Mich läßt das Gefühl nicht los, ich ließe es mir gutgehen, und die anderen liegen im Dreck.

Am 10. Juli 1943 landen die Alliierten an der Südspitze Siziliens. Wenige Tage danach findet eine Konferenz zum Deutsch-Italienischen Wirtschaftsabkommen statt, Arbeit für unsere Abteilung. Als Tagungsort wird Assisi in Umbrien vorgeschlagen. Unser Chef sagt knapp: »Es wird um die Verträge gerungen werden.« Es geht um größere Salzlieferungen. Während hinter verschlossenen Türen verhandelt wird, besichtigen wir die Stadt des heiligen Franziskus, der die Tiere seine Brüder, die Blumen seine Schwestern nannte und den Frieden predigte, das Reich der Liebe auf Erden. Ich lerne die Basilica San Francesco und die Fresken von Giotto und Cimabue kennen und sehe die einbalsamierte heilige Klara in ihrem Sarg. Neue, schöne Eindrücke! Wir fahren ins nahe Perugia. Unwillig bin ich nur angesichts der Fröhlichkeit der anderen und neidisch, daß ich nicht wie sie unbekümmert lachen kann.

Unser Chef hatte hartnäckige Verhandlungen erwartet. Nun äußert er sich verwundert über die Kompromißbereitschaft der Italiener. Früher als vermutet und auffallend rasch unterzeichnen die beiden Parteien die Verträge. Während der Rückfahrt wird lange über die seltsame Verhandlungsstrategie unserer Verbündeten diskutiert. Vorzeitig treffen wir in Rom ein. Als ich das Licht in meinem Zimmer anknipse, schläft ein nackter, fülliger Mann fest und tief in meinem Bett. Ich schrecke zurück. Habe ich mich in der Zimmertür geirrt? Nein – aber auch meine Wirtin hatte nicht mit einer so frühen Rückkehr gerechnet und mein Zimmer kurzerhand geschäftstüchtig weitervermietet. Ich wecke sie. Ohne große Skrupel weist sie mir für die restlichen Nachtstunden eine kleine Kammer zu.

Wenig später erfahren wir, warum unsere italienischen Vertragspartner so bereitwillig ihre Zusagen zu den Bedingungen der Deutschen gegeben haben. Am 25. Juli wird Mussolini durch den König von Italien abgesetzt und von der neuen Regierung Badoglio verhaftet. Eine Revolte. Am Abend dieses Tages gibt der italienische Rundfunk die Ereignisse bekannt. Unruhe macht sich in der Stadt breit. Aufgebrachte Menschen zerfetzen Bilder des Duce, werfen sie aus den Fenstern und stürmen Parteibüros der Faschisten. Mussolini wird entführt und auf dem Grand Sasso in den Abruzzen in einer Festung gefangengehalten. Bereits kurz vor dem Sturz Mussolinis wurde Rom das erste Mal bombadiert; amerikanische Bomber griffen den Ortsteil Verano an und zerstörten die alte Basilica San Lorenzo. Aus der Ferne hörten wir das dumpfe Detonieren der Bomben. Da ist er wieder, der Krieg, vor dem ich geflohen war.

Wir Angehörigen der Dienststelle sind unentschlossen, wie wir uns verhalten sollen, und warten zunächst die weitere Entwicklung ab. Es scheint keine besondere Bedrohung für uns zu geben; unsere Immunität, dem Status der Dienststelle als Unterabteilung der Botschaft geschuldet, schützt uns. Doch bald heißt es, wir müßten Rom verlassen. Für Botschaftsangehörige und Zivilisten wird ein langer Zug nach Deutschland zusammengestellt, er ist bis auf den letzten Platz besetzt. Im Nebenabteil kauert in der Fensterecke die Filmschauspielerin Anneliese Uhlig. Sie strahlt nicht wie im Film. Von Rom-Termini fährt der Zug in Richtung Brenner. Für diese Fahrt brauchen wir zwei

Tage, oft wird auf freier Strecke gehalten. Das Essen ist knapp. Der große, rothaarige Gesandte von Dörnberg eilt durch die Gänge, er ist für die Rückführung der Menschen verantwortlich. In Innsbruck werden wir vom Roten Kreuz mit Tee versorgt. An der Grenze warten wir lange, bis der Gegenzug mit den Italienern aus Berlin eintrifft. Der Diplomatenaustausch geht dann mit absoluter Präzision vor sich: Beide Züge setzen sich genau gleichzeitig in Bewegung.

Das Hotel »Königshof« in München ist unsere nächste Station. Von dort werden wir nach Hause geschickt. Meine Angehörigen sind erstaunt, mich so bald wiederzusehen. Doch schon am Tag meiner Ankunft erhalte ich einen Anruf: Ich soll noch am Abend den Nachtzug nehmen, es geht nach Rom zurück. Ich lege meine gerade ausgepackten Kleider in den Koffer, greife nach meiner Reiseschreibmaschine und bin am Morgen des nächsten Tages wieder in München. An der Grenze stempelt mir der italienische Zöllner das Datum in den Paß: Es ist der 1. August 1943.

Die Dienststelle arbeitet wieder. Um ins Büro zu kommen, mache ich morgens einen Umweg und laufe über die Spanische Treppe den Hang zum Pincio, einem öffentlichen Park, hinauf. Am Ende der Treppe befindet sich der imponierende Bau der Kirche Trinita dei Monti. In der Frühe ist der Blick von der großen Pincio-Terrasse über die Dächer der Stadt besonders schön. Im Hintergrund überragt der gewaltige Petersdom die Silhouette der Stadt. Bänke laden zum Ausruhen ein und erinnern an die Marmorbänke im Berliner Tiergarten. Steige ich am anderen Ende des Pincio die Treppen zur Piazza del Popolo hinunter, stehe ich unmittelbar vor unserem Bürohaus.

Der Herbst in Rom ist immer noch heiß. Die berühmte Via Veneto ist der Schauplatz unbeschwerten Lebens. Man sitzt plaudernd vor den Cafés auf der Straße, trinkt seinen Capuccino, ißt eine Cassata oder flaniert untergehakt über die Straße. Die Italiener scheinen ihrem gefangenen Duce nicht nachzutrauern.

Mein erster Besuch im Petersdom ist enttäuschend. Zwar bin ich von dem prachtvollen Bau beeindruckt, doch statt Andacht und Stille empfängt uns lautes Stimmengewirr. Führungen in allen Sprachen finden statt; es geht zu wie auf einem Jahrmarkt. Unschlüssig stehe ich in der Kirche herum und weiß nicht, was ich in diesem Trubel anfangen soll. In den Seitenkapellen werden Messen gehalten, hier in dieser, dort in jener Sprache und aufdringlich laut. Weihrauch wird in Kesseln geschwenkt und dringt in die Nase. Glöckchen bimmeln mal aus den vorderen, mal aus den hinteren Altarnischen. Die Menschen beten andächtig weiter und lassen sich von dem Geläute nicht stören. Ich beobachte, wie Besucher den marmornen Zeh einer Petrus-Statue mit den Lippen berühren. Der Zeh ist völlig ausgehöhlt, Millionen Menschen müssen ihn geküßt haben. Woran denken die Besucher beim andächtigen Küssen? Beten sie, daß der Heilige Stuhl etwas gegen den Krieg unternimmt? Es heißt, Papst Pius XII., der früher Nuntius in Berlin war und den wir in den Filmwochenschauen in vertrauten Gesprächen mit Hitler sahen, soll ein Verehrer des Führers sein. Weiß der Papst, was mit den Juden in Rowno geschehen ist?

Ich gehe eine Beziehung zu einem Kollegen ein. Er wirbt um mich, aber eigentlich will ich nach wie vor keine Bindung mit einem verheirateten Mann. Mein Zögern stört ihn nicht, im Gegenteil, er bemüht sich weiter. Schließlich versuche ich einzusehen, daß das Leben einfacher ist, wenn zwei sich zusammentun. Um der Einsamkeit zu entfliehen, braucht einer den anderen. Ich gebe nach. Die Verbindung ist von Vernunft geprägt. Ich fühle mich geschützt von Konstantin. Er ist Jurist und bekleidet eine verantwortungsvolle Position in der Dienststelle. Als unser oberster Chef, den ich in diesen Wochen selten zu Gesicht bekomme, während einer Dienstfahrt nach Mailand tödlich verunglückt, leitet Konstantin bis zur Benennung eines neuen Vorgesetzten kommissarisch die Dienstgeschäfte.

Ich bin die Freundin eines verheirateten Mannes. Hier in

Rom, wo das Leben unkompliziert und optimistisch genommen wird und fast jeder in der Dienststelle ein Verhältnis hat, muß eine solche Beziehung nicht verborgen werden. Und doch paßt die Geschichte mit Konstantin nicht in mein Selbstbild. Mir wird recht schnell klar, daß es keine harmonische Verbindung zwischen Mann und Frau geben kann, wenn sie sich politisch nicht einig sind. Konstantin ist Nazi. Als ich versuche, mit ihm darüber zu sprechen, was ich in der Ukraine erlebt habe, gibt er mir zu verstehen, daß er nichts davon hören will. Er schweigt, als ich von der Weihnachtsfeier am Heiligen Abend in Poltawa erzähle, von den Berichten der Flieger aus dem Kessel von Stalingrad. Er will nicht glauben, daß der Krieg für Deutschland verloren ist. Als wir eines Abends beim Wein zusammensitzen, sagt er: »Ich trinke auf das Wohl Adolf Hitlers!« und hebt sein Glas. Ich merke deutlich, daß ich Konstantin nicht liebe. Er hilft mir über meine Einsamkeit hinweg. Innerlich jedoch distanziere ich mich mehr und mehr von ihm.

Im August wird der deutsche Botschafter in Rom, von Mackensen, abgelöst und Dr. Rudolf Rahn zum Nachfolger ernannt. Am 8. September erfahren wir: Marschall Pietro Badoglio hat einen Waffenstillstand mit den Alliierten unterzeichnet. Noch am selben Abend treffen unweit Roms deutsche Truppen ein. Der König und Badoglio verlassen in der Nacht des 9. September heimlich die Stadt. Die italienischen Truppen ergeben sich der deutschen Wehrmacht. Aus unseren Verbündeten sind Kriegsgefangene geworden, und Rom ist eine besetzte Stadt. Zwei Tage später heißt es: Mussolini ist aus der Festungshaft auf dem Gran Sasso von einer Gruppe Waffen-SS-Männern und Fallschirmjägern befreit und nach Mailand gebracht worden. Dort ruft er die »Repubblica Sociale Italiana« aus. Nun haben die Italiener zwei Regierungen. Am 13. Oktober eine neue Schlagzeile: Badoglio hat die Fronten gewechselt, geht gegen den ehemaligen Verbündeten vor und erklärt Deutschland den Krieg. Die deutschen Landser spotten: »Die Italiener tragen vorn und hinten an ihren Uniformen Knöpfe, damit man nicht sehen kann, ob sie stürmen oder türmen.«

Die Alliierten haben Neapel eingenommen. Erneut treffen wir Vorkehrungen, Rom zu verlassen; neuer Sitz der Dienststelle soll Verona sein. Was ich spätestens seit meiner Dienstzeit am Tirpitzufer ahnte, wird zur Gewißheit: Deutschland wird den Krieg verlieren.

Konstantin und ich fahren noch einmal über die alte Heerstraße der Römer, die Via Appia, besuchen das Colosseum, nehmen Abschied von einer ereignisreichen, verwirrenden Zeit und dieser schönen Stadt. Vor der Abreise nach Verona werden wir von den Eltern unseres Dolmetschers Martin zum Abendessen eingeladen. Der Konsul läßt aus dem Keller ein paar gute, alte Flaschen Wein heraufholen und erklärt: »Bevor die Amerikaner sie trinken, werden wir das tun!« Man läßt die Ereignisse gelassen auf sich zukommen. Die Familie des Konsuls wird in Rom bleiben. »Den Kopf werden sie uns nicht abreißen!« scherzen sie. Bei unserem Abschied herrscht Aufbruchsstimmung, nicht die Panik, in der wir Poltawa verlassen mußten.

In der Frühe des nächsten Tages reisen wir ab.

Verona

Unser Veroneser Domizil ist im Gebäude des »Tribunale Militare« untergebracht, dem ehemaligen Militärgericht. Alle Dienststellen an einem Ort einzurichten ist räumlich nicht möglich, und die Entfernungen erschweren die Arbeit. Der deutsche Botschafter residiert am Gardasee in Fasano. Mussolini hat in Salo, in der Nähe Fasanos, seinen Regierungssitz. Im Garten seiner Villa wacht die SS über ihn.

In Verona ist der Krieg deutlich spürbar. Die Stadt ist verdunkelt. Deutsche Uniformen bestimmen das Bild. Über uns hinwegziehende Bombengeschwader der Alliierten erinnern uns beständig an die drohende Vernichtung. Der Status unserer Wirtschaftsabteilung hat sich verändert: Wir arbeiten zwar bis zum Ende des Krieges mit dem Botschafter zusammen, sind aber jetzt der Wehrmacht unterstellt. Die Männer tragen nun Uniform. Unser neuer Chef ist oberster Intendant unserer Dienststelle, die mit der Verteilung der Gehälter betraut ist.

Verona ist eine Stadt mit wunderschönen Plätzen. Auf der Piazza delle Erbe ist an Wochentagen Markt, auf den Tischen der Händlerinnen häufen sich Gemüse und Obst. Keine leeren Stände, wie ich sie in Berlin gesehen habe. Eine Fülle von frischen Blumen; Textilien, die in Deutschland nur auf Bezugscheine zu haben sind, gibt es in Verona, wenn auch teuer, frei zu kaufen. Ich kann meinem Vater Zigarren schicken.

Kurze Zeit nach unserer Ankunft lerne ich Goia kennen. Sie ist temperamentvoll und offen, hat ein fröhliches Lachen und ist Deutschlehrerin an einer italienischen Schule. Wir schließen Freundschaft. Sie lädt mich zu sich nach Hause ein, stellt mich ihren fünf Geschwistern vor und ihrem Vater, der Tierarzt ist. Ihre Mutter ist ebenso wie meine früh gestorben. Goias ältester Bruder ist gerade Vater geworden. Er mietet außerhalb der Stadt einen kleinen Bauernhof, auf dem ich unbeschwerte Sommersonntage verbringen darf. Goia heißt »Freude«. Ich entdecke meine Freude an der italienischen Sprache.

Ein Sonntag im Sommer 1944. Es ist still auf den Feldern, als flögen nur Schmetterlinge über das Land. Wir liegen im Garten und plaudern. Aus der Ferne hören wir das tiefe, eintönige Brummen herannahender Flugzeuge. Das Brummen schwillt an und wird zum Dröhnen. Dann das harte Knattern von Maschinengewehren über unseren Köpfen. Zwei einzelne deutsche Jäger greifen einen ruhig dahinziehenden amerikanischen Bomberpulk an. Wie gelähmt beobachten wir das Unglaubliche. Zwei gegen Dutzende! Plötzlich fängt das eine deutsche Flugzeug an zu trudeln. Der andere Jäger zieht seine Maschine schnell in die Höhe und fliegt davon. »Steig aus! Steig aus! Scendi! Scendi!« schreien wir. Doch kein Fallschirm öffnet sich. Das Flugzeug bohrt sich in die Tiefe. Es folgt eine Explosion, eine Rauchwolke steigt auf. Über den Feldern ist es totenstill. Wieder wird eine Mutter um ihren toten Sohn weinen.

Käthe, die ich seit unserer Zeit in Rom kenne, ist eine verschwiegene, verläßliche und korrekte Kollegin. Sie verwaltet unsere Personalpapiere, ist ruhig und beherrscht. Ein bißchen sieht sie aus, als würde sie ständig frieren. Käthe stürmt eines Tages in mein Büro. Auf ihrem Gesicht sehe ich rote Flecke. »Stellen Sie sich vor«, ruft sie empört, »es ist durchgesickert, daß Konrad homosexuell ist.« Konrad ist unser Dolmetscher. Ich habe schon in Rom einen entsprechenden Vermerk in seinen Papieren gefunden. Daß jemand nicht dichtgehalten hat, macht Käthe wütend; jeder weiß, daß Homosexualität mit Konzentrationslagerhaft bestraft wird. In Rom hatte unser Büro aus acht Personen bestanden, hier in Verona wird der Verwaltungsapparat ständig vergrößert. Da ist uns vor kurzem ein junger, ehrgeiziger Verwaltungsjurist in Intendantenuniform geschickt worden. Wir merken bald, daß er herumschnüffelt. Ich vermute sofort, daß ihm das »Durchsickern« zuzuschreiben ist.

Konrad kommt vom Theater in Rom, ist amüsanter und kultivierter als die anderen männlichen Kollegen. Er hat einen guten und sicheren Geschmack. Zwischen ihm und mir besteht eine gewisse Vertraulichkeit, weil wir den gleichen Familiennamen haben, ohne verwandt zu sein. Konrad versucht mir einzureden, ich solle mich frecher kleiden. Das tue ich doch schon, denke ich. Tragen die anderen ein Tuch um den Kopf, binde ich es mir um den Bauch. »Das ist nicht genug«, sagt er. »Riskieren Sie etwas! Werden Sie frech!« – »Tanz nicht aus der Reihe! Putz dich nicht auf wie ein Zirkusgaul!« höre ich noch meinen Vater. Konrad wird öfter mit dem Sohn eines bekannten Veroneser Geschäftsmannes gesehen. Das Gerede um ihn nimmt zu.

Ich habe eine kleine Wohnung in der Nähe des Bahnhofs. Eines Sonntags bringt mir ein Bote einen hübsch gebundenen Blumenstrauß mit einem Brief von Konrads Freund. Der junge Mann ist etwa in meinem Alter, ich kenne ihn nur flüchtig. Er erkundigt sich nach meinem Befinden und erklärt, wie sehr er mich verehre. Soll das ein alberner Scherz sein? Halten mich die beiden für so naiv? Ich überlege und beginne zu begreifen, was man mir »durch die Blume« sagen will. Nun, wenn Konrad und sein Freund mich zur Tarnung brauchen, bin ich bereit, ihnen Rückendeckung zu geben. Der junge Mann und ich spazieren durch die Straßen und richten es so ein, daß uns der Schnüffler trifft. Wir gehen in ein Café. Er sieht uns. Wir zeigen uns in der Oper, erster Rang, erste Reihe. Der Schnüffler ist da. Bei einer »Carmen«-Aufführung haben wir besonderes Glück, der größte Teil unserer Dienststelle ist in der Oper. Konrad hat die Sache eingefädelt und genügend Karten verteilt. Natürlich sehen uns die Kollegen. Die Verblüffung ist groß, die List gelungen und der Spaß auf unserer Seite. Käthe sieht auf einmal gar nicht mehr so verfroren aus und lacht uns zu. So habe ich sie noch nie lachen sehen. Der Schnüffler macht ein saures Gesicht und schaut schnell weg. Konstantin ist von der Sache nicht gerade angetan, aber den Schnüffler kann er auch nicht leiden. Über die Sache wächst Gras. Es kommen keine Rückfragen mehr aus Berlin. Auch Blumensträuße werden nicht mehr geschickt.

Nach der »Carmen«-Aufführung erwähnt Konrad beiläufig: »Übrigens habe ich dem Chef eine neue Reitgerte besorgen müssen.« Ich sehe vom Schreibtisch auf. »Ich wußte gar nicht, daß er reitet.« Auf mich macht der Chef keinen sportlichen Eindruck. Er wirkt oft griesgrämig, nie ein freundliches Gesicht, kein verbindliches Wort. Ich weiß nicht, wie alt er ist, schätze ihn auf etwa 55 Jahre. Belustigt blickt mich Konrad an. »Die Peitsche braucht er für seine Besuche in Mailand!« Er lächelt vielsagend. Jetzt verstehe ich. Oft habe ich gedacht: »Gerede!« Es stimmt also doch:

Unser korrekt erscheinender Vorgesetzter schickt seinen homosexuellen Dolmetscher eine Peitsche für seine Gelüste kaufen.

Was hier über Sexualität und ihre Perversionen geflüstert wird, ist für mich Tochter aus streng bürgerlichem Hause schwer zu verkraften. Während einer Arbeitsbesprechung fehlt ein Mitarbeiter. Ich werde aufgefordert, ihn zu suchen, und finde den Vermißten, bekleidet mit eleganter Damenunterwäsche, in seinem Bett. Sein Anblick und der Alkoholdunst im Raum verschlagen mir den Atem. Ich rüttele ihn nicht gerade sanft wach, und er grinst mich mit verquollenen Augen fröhlich und frech an. Wieder höre ich die Stimme meines Chefs in Berlin: »Sie können jederzeit zurückkommen!« Soll ich zurückgehen? Jetzt, wo alles bald vorbei ist?

Als der Leiter der Banca d'Italia in Verona heiratet, sind einige von uns zu dem festlichen Empfang eingeladen. Er arbeitet mit unserem Büro zusammen, Konstantin unterhält eine freundschaftliche Beziehung zu ihm. Ich werde in diesem noblen Kreis nicht warm, aber es macht mir Spaß, die Gäste zu beobachten. Ein Paar fasziniert mich vom ersten Augenblick an: eine schöne Frau in elegantem Kleid, mit kostbarem Schmuck an Hals und Ohren, am Finger nur ihren Ehering, etwa 40 bis 45 Jahre alt, plaudert mit einem attraktiven, jungen Priester. Das Paar ist ganz mit sich beschäftigt. Immer wieder treffen sich ihre Blicke. Sie flirten, daß es mir den Atem verschlägt. Ich gehe zu Gisela und Martin und sage mit einem Blick auf den Priester: »Wie schade, daß dieser schöne Mann den Frauen verlorengeht!« Beide sehen mich an und lachen. Martin fragt: »Warum denn das? Sei nicht so naiv. So manche verheiratete Dame der Gesellschaft hat ›ihren Priester‹!« Hinter vorgehaltener Hand fügt er hinzu: »Er gehört sozusagen mit zur Familie!« Meine Verlegenheit amüsiert ihn. Ich verkrieche mich in die hinterste Ecke des Saales, um das Lachen der beiden nicht zu hören. Dann steigt kalte Wut in mir hoch. Die brüchigen Religionslehren, die wir als Kinder ernst nahmen! Die ausgestandenen Ängste bei Verstößen gegen die Verbote, die uns klein und häßlich hielten. Ich will gehen. Konstantin versucht, mich zu hindern, zischt: »Was kümmert dich dieser Himmelhund!« und meint damit den schönen Priester. »Es geht nicht um diesen Himmelhund, es ist die Verlogenheit und Heuchelei!« sage ich laut. Schon im Gehen, sehe ich noch Konstantins verlegenes Gesicht.

Die Dienststelle arbeitet vorwiegend mit Bankinstituten zusammen. In Italien ist es die Banca d'Italia und in Deutschland die Reichskreditkassenanstalten. Unser Büro ist zwischengeschaltet, um die Transferierung der Gelder abzustimmen. Um Ungenauigkeiten bei den Geldüberweisungen aufzuklären, wird eine Konferenz in Bellagio am Comer See einberufen. Es kommen zwei Bankfachleute aus Berlin, Verträge sind zu schreiben, es gibt Arbeit für mich. In Bellagio lernen wir Dr. C. kennen, einen kleinen, etwas beleibten, grauhaarigen älteren Herrn, der uns liebenswürdig begrüßt. Dr. C. ist der oberste Chef der Banca d'Italia und leitet von Bellagio aus die einzelnen Filialen in den von deutschen Truppen besetzten Gebieten. Die Bank besitzt oberhalb des Comer Sees ein schloßähnliches, langgestrecktes Gebäude. In einem ausgedehnten, gepflegten Garten mit seltenen Gewächsen und Pflanzen plätschert ein Springbrunnen, das Eingangsportal ist ein imposantes, aus Eisen geschmiedetes Tor mit Ornamenten. An den Flügeltüren sind je zwei kleinkindgroße, wohlproportionierte Putten angebracht. Die Verhandlungen ziehen sich bis in den späten Nachmittag hin. Unser Dolmetscher Martin wird nicht gebraucht, denn Dr. C. spricht ein ausgezeichnetes Deutsch. Er führt uns durch die feudalen Räume der Villa in den Park und läßt es sich gern gefallen, daß ich ihn fotografiere. Ich sehe, daß er die Hand auf eine Rundung der Putte legen will, sich aber besinnt und schließlich nur ihren Arm ergreift. Die Herren bemerken es auch, und wir lachen. Die Stimmung ist heiter und gelöst. Ich muß an die Verse aus meiner Schulzeit denken: »Kein Hauch der aufgeregten Zeit drang noch in diese Einsamkeit!« Ist es wirklich wahr, daß es einmal ein Stalingrad gab?

Am Steg vor dem Haus liegt ein Boot. Wir steigen zu sechst hinein. Dr. C. bestand darauf, uns persönlich zu rudern. Drüben die Schweiz ist hellerleuchtet. Dort möchte ich sein. Dort gibt es keinen Krieg. Kaum vorstellbar.

Meine Kollegin Käthe und ich werden eines Tages zum obersten Chef gerufen. Wir sehen uns an. Käthe, die nirgendwo auffällt, deren Lebensgeschichte ich nicht kenne, fragt: »Was hat das zu bedeuten?« Ich zucke mit den Schultern. Wir betreten das Chefzimmer. Einige Herren sind anwesend. Im Mittelpunkt zu stehen verursacht mir Beklemmung, vor allem weil ich nicht weiß, was auf mich zukommt. Der Chef überreicht Käthe und mir das Kriegsverdienstkreuz II. Klasse. Wir sind sprachlos. Mein erster Gedanke ist: Wer hat mir das eingebrockt? Konstantin? Das Kriegsverdienstkreuz wird allgemein »Gefrierfleischorden« genannt und an Männer vergeben, die sich im Osten verdient gemacht haben. Mir ist in unserem Büro kein Mann bekannt, der überhaupt oder gar im Osten an der Front war. Das zugewiesene Ordenskontingent aber muß aufgebraucht werden, also greift man auf Frauen zurück, die die Voraussetzungen erfüllen. Vor Bestürzung bin ich ratlos. Ich, die ich mit keinem Menschen über das, was ich erlebt habe, was auf dem »Feld der Ehre« geschehen ist, sprechen darf, erhalte diese Auszeichnung. Ich habe mich angepaßt, alle Gefühle unterdrückt. Werde ich dafür belohnt? Ich weiß nicht, wohin ich sehen soll, als man mir den Orden mit der Urkunde überreicht.

Am Abend dieses Tages findet uns zu Ehren eine kleine Feier statt. Konstantin ist merkwürdig aufgeregt, als habe man ihm den Orden zugedacht. Er ist mit politischen Äußerungen zurückhaltender, seit ihn ein persönlicher Schicksalsschlag schwer getroffen hat – sein Bruder ist auf einem Flug nach Norwegen über Oslo abgestürzt. Der Tod des Bruders hat Konstantin nachdenklicher gemacht.

Während der Feier hält jemand eine Rede auf uns. Wir

hören etwas von »Pflichterfüllung«. Das Gerede läuft an mir vorbei. Konstantin stößt mich an und flüstert: »Du mußte jetzt aufstehen und ein paar Worte erwidern!« Ich bleibe sitzen, weigere mich. Ein Kloß steckt mir im Hals. Konstantin sieht mich auffordernd an. »Bitte, laß mich!« Meine Stimme ist heiser. Die anderen werden aufmerksam, sagen aber nichts. Käthe schweigt. Es wird noch eine Flasche Wein entkorkt, die nächste folgt. Ich trinke einen Schluck. Den Rest gieße ich in eine Vase.

Juli 1944. Ich sitze in einem Kaffeehaus und lese von dem Attentatversuch auf Adolf Hitler. Oberst Stauffenberg und seine Mitverschwörer sind in Berlin im Bendlerblock hingerichtet worden. Als wir im vergangenen Jahr die Treppen zu unserer Kantine in den 4. Stock am Tirpitzufer hinaufstiegen, haben wir oft in den stillen Hof des Gebäudes hinuntergeblickt.

Am Nebentisch unterhalten sich zwei deutsche Landser. Sie sehen die Zeitung in meiner Hand und sprechen mich an. Beide haben ihren Heimaturlaub vorzeitig abgebrochen, um sich vor ihrer Rückfahrt an die Front einige interessante Orte anzusehen. Übermorgen müssen sie wieder bei ihrer Truppe sein, Verona ist ihre letzte Station. Ob ich ihnen ein paar Tips für den Stadtbesuch geben könnte? Auch den Gardasee würden sie gern sehen. Wir kommen ins Gespräch. Ich will versuchen, den beiden ein Auto zu beschaffen. Sie sehen mich ungläubig an, kommen aber mit ins Büro und warten, während ich zu Konstantin in den ersten Stock laufe. Ich bitte ihn, den Männern für einen Tag sein Auto zu leihen. »Ja, wer sind denn diese Leute?« fragt er ungeduldig. »Ich weiß nur, daß sie Frontsoldaten sind, mehr nicht.« »Ich muß wissen, wer diese Leute sind«, drängt er weiter. Seine Fragerei macht mich wütend. Ich denke an das Leben dieser Männer. Im Gegensatz zu ihnen leben wir wie die Maden im Speck.

»Das sind keine Leute«, widerspreche ich, »sondern Frontsoldaten, die jeden Tag von neuem ihr Leben riskieren!« Es bleibt lange still zwischen uns. Dann greift er wortlos in seine Jackentasche, holt den Autoschlüssel heraus, gibt mir die Papiere und läßt auftanken. Die beiden Soldaten können sich nur bei ihm bedanken, ihre Freude in Worte zu fassen gelingt ihnen nicht. Zur Mittagsstunde des nächsten Tages steht der Wagen wieder vor der Tür.

An diesem Tag sage ich Konstantin, daß mir wohler wäre, wenn Hitler das Attentat nicht überlebt hätte. Das Blutvergießen würde dann endlich aufhören. Er schweigt, erwidert nichts. Seine Frau hat ihm geschrieben, jedem, der auf Wehrlose schießt, sollten die Finger abgehackt werden. Er hat begriffen, daß sie nicht nur die alliierten Tiefflieger im Rheinland meint.

Wochen später erreicht mich ein Brief in einer unbekannten Handschrift. Er kommt von einem der beiden Soldaten. Nur er könne sich für den schönen Tag in Verona und die Autofahrt an den Gardasee bedanken, schreibt er, sein Freund sei bei den schweren Abwehrkämpfen gefallen.

Der September 1944 in Verona ist sommerlich warm. An einem solchen Tag, keine Wolke ist am Himmel und die Sicht völlig klar, gehe ich in der Mittagspause in meine Wohnung. Da ertönt die Sirene. Fliegeralarm! Mein einziger Gedanke: »Nur raus hier!« Das Haus ist nicht sonderlich massiv gebaut, der Bahnhof liegt in der Nähe. In meiner Aufregung finde ich den Schlüssel zum Gartentor in meiner Tasche nicht. Fast zur selben Zeit wie die Sirene hört man das Detonieren der Bomben. Von meiner Angst getrieben, klettere ich über den hohen Eisenzaun. Später werde ich mich fragen, wie ich das geschafft habe. Ungeschützt stehe ich auf einem größeren, freien Platz. Es ist deutlich zu sehen, wie die Bomben aus den Flugzeugen am Himmel ausgeklinkt werden und auf uns zurasen. In Poltawa hat man uns erklärt, wie man in etwa berechnen kann, ob eine Bombe die Stelle, an der man sich befindet, trifft oder nicht. Im Moment habe ich alle Überlegungen vergessen. Die Menschen um mich herum werfen sich auf die Erde. Detonationen dröhnen. Bomben reißen Häuserwände auf. Mauerreste wirbeln durch die Luft. Ich liege auf dem Boden und sehe ganz nah eine Bombe fallen. Sie streift die Blätter eines Baumes und wühlt sich in die weiche Erde eines Gartens. Man soll bei Explosionen den Mund aufmachen, damit das Trommelfell nicht platzen kann, erinnere ich mich.

Ich reiße den Mund auf, kann kaum noch atmen. Mund, Augen, Ohren, Nase voll Erde und Dreck. Am schlimmsten ist der ungeheure Luftdruck, ich habe das Gefühl, ich würde zerrissen. In meiner Todesangst bete ich zu meiner Mutter: »Hilf mir, ich will nicht sterben!« Neben mir liegt ein deutscher Soldat. »Mutter! Mutter!« brüllt er. Das Gesicht hat er an den Boden gepreßt, seine Arme über dem Kopf gekreuzt. Ich starre auf seinen korrekten Haarschnitt. Er muß gerade beim Friseur gewesen sein. »Absurd«, denke ich, »jetzt auf den Haarschnitt zu achten!« In der Nähe steht eine Italienerin. Sie schreit zu uns herüber: »Che cosa? Che cosa?« – »Was ist das?« Wir starren sie an. Sie trägt kein Kleid mehr. Der Luftdruck hat es ihr vom Leib gerissen. Noch tagelang sind meine Augen entzündet, die Nasenhöhlen gereizt, quälen mich Schluckbeschwerden.

In der Buchhandlung an der Piazza delle Erbe kaufe ich gelegentlich Bücher. Als ich eines Tages nach dem Band »Die Weise von Liebe und Tod des Cornet Christoph Rilke« suche, bekomme ich eine abschlägige Antwort. »Leider haben wir keine deutsche Ausgabe«, bedauert der Buchhändler. »Ich könnte Ihnen aber eine italienische besorgen.« Da ich das Buch, das ich jemandem zum Geburtstag schenken will, noch am selben Tag brauche, entscheide ich mich für ein anderes. Ganz in meiner Nähe stöbert ein deutscher Oberst in den Regalen und spricht mich an: »Ich liebe den Cornet auch. Als junger Leutnant im Ersten Weltkrieg habe ich ihn auswendig gelernt. ›Reiten, reiten, reiten, durch den Tag, durch die Nacht, durch den Tag. Und der Mut ist so müde geworden und die Sehnsucht groß‹.« Eigentlich bin ich nicht zu einem Gespräch aufgelegt, aber seine ruhige Stimme gefällt mir, seine Art, etwas zu sagen, ist angenehm. Er ist in Florenz stationiert, kommt öfter nach Verona und fragt, ob er mich bei seinem nächsten Besuch einmal anrufen dürfe. Ich habe nichts dagegen. Schon bald trifft ein höflicher Brief ein mit der Mitteilung, in drei Tagen sei er in Verona.

Bei unserem Treffen überrascht er mich mit der italienischen Ausgabe »Canto d'Amore e di Morte del Cornet Christoph Rilke«. Es ist ein kleines, in Pergament und feines Leder gebundenes Büchlein, der Titel handgeschrieben, zu den einzelnen Textstellen sind handkolorierte Zeichnungen gefertigt. »Von dieser Ausgabe gibt es nur 500 Exemplare«, bemerkt der Oberst. »Es wurde erst vor wenigen Wochen in Florenz herausgegeben.« Angesichts unserer kurzen Bekanntschaft scheint mir der Band zu kostbar. Ich solle ihn ohne Bedenken annehmen, entgegnet er, er habe sich mit dem Buch selbst eine Freude machen können.

Es wird bekannt, daß Florenz zur offenen Stadt erklärt wurde und deutsche Stäbe und Truppen abziehen sollen. Ohne besondere Genehmigung darf kein Angehöriger der Wehrmacht die Stadt mehr betreten. Der Oberst und sein Stab werden nach Verona abkommandiert. Von nun an sehen wir uns öfter. Eines Abends sitzen wir in einem Restaurant bei einem Glas Wein. Der Oberst raucht und trinkt mäßig. Ich erzähle aus meiner Zeit in Frankreich. Wir schweigen eine Weile. Als habe er meine Gedanken erraten, sagt er: »Am 24. August haben die deutschen Truppen Bordeaux geräumt.« Ich sehe den Mann neben mir an. Er ist Jahre älter als ich, er könnte mein Vater sein. An seiner Uniformjacke Orden und Ehrenzeichen. Er wird wissen, daß dieser Krieg verlorengeht und nichts von Ruhm und Ehre übrigbleibt.

Ich gehe gern mit dem Oberst aus. Es schmeichelt mir, wenn der Kellner wie selbstverständlich, ganz gleich wo, Platz für uns schafft. Das also ist Macht! Ein hohes Rangabzeichen an einer glänzenden Uniform genügt, und alle Türen öffnen sich! Bisher habe ich Macht nur als schmerzliche Unterdrückung erlebt. Jetzt bin ich an der Seite des

Oberst für Augenblicke selber ihr Nutznießer. Ich gestehe, ich habe dieses Gefühl genossen. Gleichzeitig sagt mir mein Verstand, daß eben diese Macht nichts als Unglück gebracht hat.

Bei einem nächsten Treffen schreitet eine Italienerin an uns vorüber. Sie trägt ein atemberaubendes, dünnseidiges Kleid. Der Oberst mag gut gekleidete Frauen und sieht der Italienerin bewundernd nach. Das Kleid sieht wie ein eleganter Unterrock aus, denke ich und staune über den Mut der Frau. Daß man solche Kleidung überhaupt auf der Straße trägt! Ich teile dem Oberst meine Gedanken mit. Bei dem Wort »Unterrock« erstarrt er und sagt entsetzt: »Das Wort erwähnt man nicht! Darüber spricht man nicht!« Augenblicklich fühle ich mich klein und unerfahren – die Meinung dieses Mannes hat für mich Gewicht. Ich nehme seine Kritik widerspruchslos hin. In Gedanken tadele ich mich heftig und weiß, daß unsere Beziehung durch den »Unterrock« unwiderruflich gelitten hat.

Es ist Ende Oktober 1944. Das Telefon klingelt. »Ich bin es!« »Wer?« frage ich. Jemand sagt: »Ich möchte deinen Geburtstag mit dir feiern!« Diese vertraute Stimme! Das ist Henner! Mein Herz klopft. Stück für Stück habe ich ihn mir aus den Gedanken gerissen, bin weggelaufen, dem Untergang entgegen. Jetzt ist er wieder da.

Wir treffen uns in der Stadt. Blaß sieht er aus. Unsere Blicke begegnen sich: Die Trennung hat unsere Beziehung nicht zerstört. Nur kann ich nicht spontan sein wie früher. Wir müßten Zeit zum Reden haben. »Du allein bist mir wichtig!« sagt er. »Woher wußtest du, daß ich hier bin?« frage ich. »Ich habe mit deinem Vater telefoniert. Er hat mir gesagt, wo du bist. In den letzten Jahren habe ich öfter einmal mit deinem Vater gesprochen. Ich wollte wissen, wie es dir geht und wo du steckst.« Mein Vater hatte mir nichts von den Anrufen gesagt.

»Ich muß heute noch nach Riva, an den Gardasee, zu einer Konferenz. Aber morgen bin ich wieder zurück. Ich will deinen Geburtstag mit dir feiern!« Ich spüre seine Unruhe und sehe die Freude über unser Wiedersehen. Er raucht noch immer viel zu hastig. Uns bleibt nur eine kurze Stunde, zu wenig Zeit, um über all das zu sprechen, was uns bewegt. Er habe viel Anerkennung für seine Arbeit bei der Zeitung gefunden, berichtet er. Ich erinnere mich an die Exemplare der »Heeres-Zeitschrift«, die ich in der Ukraine gesehen hatte. Die Fotos fröhlicher Kindergesichter waren mir aufgefallen. Auch ich hatte Kinderfotos gemacht. Die ukrainischen Kinder auf meinen Bildern sahen allerdings anders aus. Sie lachten auch in die Kamera, doch sie besaßen keine Schuhe und hatten selbst bei größter Kälte die Füße mit Lappen umwickelt.

Am nächsten Abend feiern wir meinen Geburtstag. Ich werde 24 Jahre alt. Henner hat zwei Freunde mitgebracht, ich eine Freundin eingeladen. Doch es will keine Fröhlichkeit aufkommen. Das Gespräch schleppt sich dahin, alle scheinen erschöpft zu sein, belastet durch die Ereignisse um Feldmarschall Rommel, der nach einem Tieffliegerangriff in Frankreich seinen schweren Verletzungen erlegen ist. Daß das nicht stimmte, erfuhren wir erst später. Rommel mußte auf Befehl Hitlers Gift nehmen, weil er Kontakte zu den Männern des 20. Juli hatte. Henner war zu Beginn des Krieges Panzeroffizier im Stab bei Rommel. »Belgrad ist am 20. Oktober von den Russen und Jugoslawen zurückerobert worden«, sagt er und sieht mich an. Unsere Blicke wollen sich nicht loslassen.

Kurz vor Mitternacht verabschieden wir uns. In der Frühe des nächsten Tages muß er wieder bei einer Besprechung in Riva sein. Ich begleite meine Gäste zum Gartentor. »Also, bis bald!« Unsere Hände liegen ineinander und halten sich fest. Zwei Tage später klingelt das Telefon. Henners Freund will mich sprechen. Er ringt nach Worten, sagt mühsam gefaßt: »Sie müssen jetzt ganz tapfer sein! Henner ist tot!« »Das ist nicht wahr! Das kann nicht sein! Sie wissen ganz genau, daß er noch vorgestern hier war!« Ich will das Unglaubliche nicht glauben. Und doch ist es wahr. Ich höre, daß sich Henner, von den Verhandlungen übermüdet, nach Verona zurückfahren ließ. Der Fahrer lenkte mit abgedunkelten Lichtern wegen der Störflugzeuge, die auch in der Nacht den Gardasee überfliegen. Er kam von der Straße ab, das Auto stürzte die Böschung hinunter, überschlug sich mehrmals und fiel in den See. Henner war auf dem Weg ins Lazarett nach Verona gestorben, der Fahrer erlag später seinen Verletzungen.

Ich will dieses Schicksal nicht akzeptieren. Zergrüble mir den Kopf. Bei Henner fühlte ich mich aufgehoben. Er gab mir Ruhe und Sicherheit. In seiner Gegenwart ging es mir gut. Warum gibt es keine Gelegenheit mehr, ihm das zu sagen?

Er wird in Verona beerdigt. Ich habe nicht den Mut dabeizusein, nicht die Kraft, die fremden Menschen zu ertragen. Das Lied vom »guten Kameraden« und die Gewehrsalven zu hören. Ich gehe später zu ihm.

Es ist so unendlich schwer, für immer Abschied zu nehmen.

Seit anderthalb Jahren hatte ich keinen Urlaub mehr. Ich will irgendwohin fahren. Zu den Angehörigen, nach Berlin? Da ist niemand, der ahnt, wie mir zumute ist. Im Büro höre ich, daß in Cortina d'Ampezzo Urlaubsplätze zur Verfügung stehen. Dorthin will ich. So fahre ich zunächst nach Berlin und hole meine Skiausrüstung. Mein Vater sagt: »Die siehst ja aus wie ein Strich in der Luft.« Ich gebe keine Antwort. Später fragt er, ob ich Geld brauche. Ich stecke es ein. Seine Geschäfte laufen gut. Glücklich sieht er nicht aus. Die Falten auf seiner Stirn und um die Mundwinkel haben sich vertieft. Beim Abendessen sagt er, wie schon bei meinem letzten Besuch, zu Friede und mir, wenn wir heirateten, bekäme jede von ihm ein Haus geschenkt. Was ist mit unserem Vater los? Weiß er, der nüchterne, überlegene Geschäftsmann, nicht, daß er sich Illusionen macht? Denkt er, nur so kann er uns trösten? Ist für ihn die Realität nur noch durch Illusionen zu ertragen? Sein ganzes Leben lang hat er schwer gearbeitet. Er sieht doch den »Scheibenkleister« um uns herum! Ich habe plötzlich großes Mitleid mit ihm.

Henners Sekretärin in der Zeitungsredaktion ruft mich überraschend an. Sie hatte von unserer Beziehung gewußt. Ich soll in das Redaktionsbüro zur Schützenstraße kommen. Das mit Büchern vollgestellte Arbeitszimmer wirkt leer und tot. Die persönlichen Dinge sind ausgeräumt worden. Sie öffnet den Schreibtisch. In einem Fach liegen meine Briefe, Fotos, eine Speisekarte vom Kalemegdan, ein paar hingekritzelte Notizen, meine Telefonnummer in Güterfelde. Beim Anblick der stummen Zeugen unserer Liebe überfällt mich abermals der Schmerz. Wie wenig habe ich diese Liebe zugelassen. Der Sekretärin gebe ich ein Foto von seinem mit Chrysanthemen geschmückten Grab. Sie zuckt zusammen. Ich bereue es im selben Augenblick. Was soll sie damit?

Cortina d'Ampezzo ist eine hellerleuchtete Lazarettstadt. Die Hotels sind mit Verwundeten belegt. Soldaten fahren in Rollstühlen durch die Straßen, gehen an Krücken, stützen sich auf den Arm einer Schwester. Ich wohne in Pocol oberhalb von Cortina. Dort lerne ich Eva kennen, wir wohnen Haus an Haus. Das große, blonde Mädchen läuft sicher und elegant in einem Rock Ski und fällt dadurch auf. Eva, eine Südtirolerin, ist Medizinisch-Technische Assistentin und arbeitet in einem Lazarettlabor. Zwischen uns entsteht eine spontane Freundschaft. Ich brauche eine Freundin und ihre Zuneigung nötig. Würde ich ernstlich krank werden, ich könnte keinen Widerstand mehr leisten. In Evas Freizeit laufen wir Ski oder stapfen gemeinsam durch den Schnee. Sie weiß nicht, daß sie mir hilft, wieder auf das Leben zuzugehen.

Übers Wochenende lädt sie mich zu ihrer Mutter nach Sand in Taufers ein, ganz in der Nähe, wie sie sagt, sie leben dort auf einer Burg. Ich kann mir keine rechte Vorstellung von ihrem Zuhause machen. In Sand steigen wie aus dem Bus und laufen eine Weile bergan. Dann erkenne ich, verwittert, dunkel und trutzig, das alte Burggemäuer. Wir überqueren eine Holzbrücke und stehen vor einem großen, runden Portal. Eva schließt die dicke Holztür auf. Vor uns liegt ein verschneiter Burghof. Ringsherum hohe Mauern, Türme, Treppenein- und -ausgänge. Schießscharten. Die Burg Sand gehört Mutter und Tochter. Evas Vater ist gestorben, der einzige Bruder gefallen.

Eine zerbrechliche kleine Dame kommt uns entgegen, Evas Mutter. Bei der Begrüßung spüre ich ihre Hand rauh und rissig in meiner. Sie macht uns heißen Tee, den ich, durchgefroren, wie ich bin, gierig trinke. Eine alte Frau aus dem Dorf kommt und hilft in der Küche. Eva zeigt mir einen Teil der Burgfeste. Sie bewohnen nur wenige Räume. Vieles ist renovierungsbedürftig. Da ist ein wundervolles, großes Bibliothekszimmer mit Bücherregalen bis an die Decke. Hunderte von Büchern, die dem Verfall preisgegeben zu sein scheinen. Für die Nacht wird mir ein eiskalter, großer Raum mit einem riesigen Bett angeboten. In dem Bett habe schon Napoleon geschlafen, wird mir bedeutet, darüber gäbe es sogar eine Urkunde. Napoleon und ich haben im selben Bett geschlafen! Es kribbelt mich nicht einmal bei dem Gedanken; selbst meine Haarspitzen sind eingefroren. Morgens helfe ich Eva beim Zubereiten des Frühstücks. Auch die Küche scheint aus Napoleons Zeiten zu stammen. Im Gemäuer klammert sich die Kälte fest. Ich versuche, mir ein Leben voller Geborgenheit in diesen Mauern zurechtzuträumen, und will einen Augenblick lang die Realität aussperren. Doch am Frühstückstisch sagt Evas Mutter: »Nun hat man alle waffenfähigen Männer zwischen 16 und 60 Jahren zum Volkssturm gerufen. Aachen ist in die Hand der Amerikaner gefallen.«

Ende 1944 ziehen die Bombengeschwader der Alliierten über Verona hinweg. Sie fliegen nach München, Augsburg, Stuttgart und Nürnberg. Ihr Anblick ist zum gewohnten Bild geworden. Trotzdem gerate ich jedesmal wieder in Unruhe, wenn sich die leisen, dann mehr und mehr anschwellenden und schließlich dröhnenden Motorengeräusche der Bomber ankündigen. Ravenna wird von der deutschen Wehrmacht geräumt. Nun droht der Krieg auch Verona zu überrollen. Wieder herrscht Aufbruchsstimmung. Wieder verfrachten wir alles in die Autos. Die kleinen Topolinos werden schwer zu tragen haben.

Ich verabschiede mich von Goia. Wir wollten Freunde fürs Leben bleiben, haben sie und ihre Brüder mir zu Beginn unserer Freundschaft versichert. Als ich ihr Lebewohl sage, ist Goia auffallend zurückhaltend und distanziert. Warum verhält sie sich so merkwürdig? Lehnt sie mich ab, weil ich Deutsche bin? Ich fühle mich ihr gegenüber unsicher. Würde sie Hitler zum Teufel wünschen, den Krieg verfluchen, sie hätte meine Zustimmung, das wußte sie. Es gibt kein herzliches Wort mehr zwischen uns.

Erst Jahre nach dem Krieg erfuhr ich den Grund ihrer Ablehnung. Auf meine Briefe hatte ich nie eine Antwort erhalten. Bei einem späteren Besuch in Verona rief ich sie an und nannte meinen Mädchennamen. »Ich kenne Sie nicht!« Goias Stimme klang eisig. »Aber Goia, ich bin es doch!« »Ich kenne Sie nicht!« Sie verleugnete mich. Stumm legte ich den Hörer auf die Gabel. Schließlich fand ich heraus, daß kurz vor meiner Abreise im Herbst 1944 Goias jüngster Bruder, den sie wie eine Mutter betreute, nach Deutschland gebracht worden war. Er war in die Fänge von Fritz Sauckel geraten, der für die Beschaffung von Arbeitskräften verantwortlich war; in Italien nannte man ihn den »Sklavenhändler«. In seinem Auftrag wurden arbeitsfähige italienische Männer von der Straße weg aufgegriffen und nach Deutschland geschafft. Goias Bruder ist in Deutschland ums Leben gekommen.

In unserer letzten Nacht vor dem Aufbruch fahren wir mit Martins kleinem Privatwagen aufs Land hinaus. Einer seiner Freunde besitzt eine Trattoria, außerhalb von Verona, wo das Weinanbaugebiet des Soave beginnt. Martin stellt vier Gläser auf den Tisch. Er ist bald betrunken. Im Rausch führt er uns das Glasknabbern vor. Sorgfältig zerkaut er ein Weinglas und schluckt es, mit Flüssigkeit nachgespült, hinunter. »Am besten schmeckt der Stiel!« lacht er und fordert uns auf, es ihm nachzutun. Niemand versucht es. Ohne die verdunkelnden Sehschlitze, mit aufgeblendeten Scheinwerfern, fahren wir in wildem Tempo nach Verona zurück.

Bei Tagesanbruch verlassen wir die Stadt. Zurück bleibt Henners Grab.

Roncegno

Unsere neue Zuflucht heißt Roncegno und liegt im Val Sugana, in den Trientiner Alpen. In dem kleinen Kurort gibt es ein großes Hotel und mehrere kleinere Pensionen. Wir werden im Hotel »Palazzo delle Therme« untergebracht. Der Blick auf die Berge und auf das kleine Städtchen Borgo im Tal, durch das friedlich die Brenta fließt, hat etwas Beruhigendes.

Gisela, unsere Dolmetscherin, ist die einzige Frau im Büro, zu der ich eine nähere Beziehung habe. Im kleinen Roncegno begegnen wir uns öfter. Wir kennen uns aus Rom, wo sie viele Jahre mit ihrem Mann gelebt hat. Beide arbeiteten dort im internationalen Hotel »Flora«. Ich kann Gisela nicht einordnen, und vielleicht mag ich sie gerade deshalb. Sie ist unpolitisch und direkt. Mit ihrer großen, schlanken Figur und ihrem geraden Gang überragt sie die anderen Frauen. Ihr schönes, dunkles Haar ist an einigen Stellen grau. Manchmal schauen mich ihre braunen Augen forschend an. Doch sie fragt nicht. Nach Henners Tod habe ich die Beziehung zu Konstantin beendet. Wir verkehren nur noch freundschaftlich. Gisela sieht mich fragend an. Aber ich gebe von alldem nichts preis.

Abgesehen von gelegentlichen Tieffliegern ist es tagsüber ruhig. Nur nachts, zwischen 23 und 24 Uhr, überfliegt mit pünktlicher Genauigkeit ein englisches Flugzeug das nahegelegene Borgo und versucht immer wieder, die

Brücke über die Brenta zu sprengen. Rechts und links der Brücke klaffen Bombentrichter. Der Engländer scheint sich die größte Mühe zu geben, die Brücke nicht zu treffen. Bevor er seine Bomben nicht losgeworden ist, kann ich nicht einschlafen, bleibt er aus, liege ich bis zum Morgengrauen wach und warte. Uns zermürben diese Störangriffe, und genau das sollen sie auch. Die Italiener nennen den Piloten »Il Pipo«.

Die Zahlungen der italienischen Regierung für den Unterhalt der deutschen Truppen haben sich verzögert und sollen wieder angekurbelt werden. Von der Banca d'Italia wird eine Besprechung in Venedig angesetzt. Das Gebiet um Primolano, Feltre und Belluno ist Partisanengebiet geworden. Es heißt, daß sich britische Fallschirmjäger in den Bergen verstecken, immer wieder werden deutsche Soldaten aus dem Hinterhalt angegriffen. Auf unserem Weg nach Venedig müssen wir durch dieses Gebiet hindurch. Unser Auto hat zwar eine zivile Mailänder Nummer, aber die Männer tragen Wehrmachtsuniformen, und wir sind überall als Deutsche zu erkennen. Ich beiße die Zähne zusammen, halte verkrampft meine Schreibmaschine fest, beobachte die Straßen rechts und links und denke unablässig: Gleich wird uns eine Handgranate treffen.

In Primolano müssen wir tanken. Ein paar undurchsichtige Personen halten sich in unserer Nähe auf und vermuten mit Recht, daß wir nicht zu ihnen gehören. Mühsam versuche ich, meine Angst zu verbergen. Kaum sind wir außerhalb der Stadt, breche ich in Tränen aus. Ich schäme mich nicht mehr, meine Furcht zu zeigen. Die Mitfahrenden sagen nichts. Sie scheinen meine Angst für natürlich zu halten.

Eine kleine Oase der Ruhe ist Anitas winziger Laden in Borgo. Der wenige Gold- und Silberschmuck in der Auslage macht mich neugierig. Beim Kauf eines Kupfertellers lernen wir uns näher kennen. Anita spricht fließend deutsch, wie alle hier in Südtirol. Manchmal trinken wir zusammen Tee. Ihre kleine Wohnung oberhalb des Ladens ist nur über eine breite Holztreppe zu erreichen. Aus den Wohnzimmerfenstern fällt der Blick auf die verschneiten Ufer der Brenta. Auf den Kommoden steht viel Nippes. Eigentlich paßt die junge Frau nicht in diese altmodische Wohnstube. Anita erzählt von ihrem Vater, der Goldschmied war, der kranken Mutter, davon, daß sie für alles sorgen muß. Ich besuche sie fast jeden Tag. Wir hören von der Vernichtung Dresdens in der Nacht vom 13. auf den 14. Februar 1945. Ich lese Anita aus einem Brief meiner Schwester vor. Friede schreibt, daß unser Vater einen Baum gefällt hat; sie brauchten das frische Holz zum Feuern, es gab nicht genügend Kohle. Günter ist gefallen. Seit meiner Schulzeit habe ich meinen einige Jahre jüngeren Vetter nicht mehr gesehen und ihn nur mit der Schulmappe auf dem Rücken in Erinnerung. Wenn wir Enkelkinder die Großeltern besuchten, lachte er mich aus, weil ich schreiend vor den Gänsen der Bauern weglief. Es sei ihr unverständlich, schreibt Friede, warum sich Günter freiwillig gemeldet hat und sein Vater ihm die Erlaubnis gab. Sein Vater war Kommunist. Fast schien es, als hätte es Günter von zu Hause fortgetrieben. Beim Abschied sagte er: »Ich komme nicht wieder!« – »Warum machen wir so viele Fehler«, frage ich. Anita sieht mich aufmerksam an. Sie steht auf, nimmt einen Leuchter vom Tisch und schenkt ihn mir. Ich besitze ihn noch heute.

Konstantin überrascht mich eines Tages mit einem neun Wochen alten Foxterrier. Er wollte ihn eigentlich selbst behalten, nun will er ihn mir schenken. Es wäre so schwer, mich zum Lachen zu bringen, sagt er. Das kleine Tier läuft mir gleich nach, als spüre es, wie groß meine Freude ist. Oft bin ich jetzt mit dem Hund unterwegs. Bei einem Frühlingsspaziergang oberhalb Roncegnos entdecke ich ein einsames Haus. Zunächst zeigt nur eine schmale Rauchfahne an, daß hinter dem Felsen eine menschliche Behausung sein muß. Beim Näherkommen höre ich Hundegebell. Mein Hund bellt zurück. Wir steigen die Wiese höher hinauf und sehen vor uns ein kahles Steinhaus. Auf einer Leine flattert Wäsche in der Märzsonne. Aus dem Haus tönen Hammerschläge, in einem Fenster steht ein Paar Wanderstiefel. Eine Schusterwerkstatt also. Ich trete ein und grüße. Auf einem Hocker sitzt ein hagerer Mann mittleren Alters und schlägt schwungvoll Nägel in einen Bergschuh. Der Schuster schaut kaum auf und antwortet in einer breiten, südtiroler Mundart. Ich möchte solche Wanderschuhe haben. Er sagt, das ließe sich machen, läßt mich auf ein Stück Papier treten und zeichnet mit einem Bleistift die Konturen meiner Füße nach. In einer Woche soll ich die Schuhe abholen.

Ich kann die Woche nicht abwarten, wandere zwei Tage später mit dem Hund wieder zum Schuster hinauf und sage ihm, daß es mir bei ihm gefällt. Er lacht, und seine Handbewegung lädt mich auf die Bank vor dem Haus ein. Ich sehe die schneebedeckten Berge, die frühlingsgrüne Wiese vor mir und in der Ferne die roten Dächer von Borgo. Wie wenig man braucht, um ein paar Sekunden lang glücklich zu sein! Beim Abschied sagt der Schuster: »Kommen Sie wieder, wann immer Sie wollen!«

Die Wanderungen zu dem kleinen Haus sind die schönsten Stunden seit Monaten. Die Woche vergeht schnell. Mir kommt der Gedanke: Meine Schwester braucht auch Schuhe! Der Schuster arbeitet auch für sie ein Paar. Dann weihe ich Gisela, unsere Dolmetscherin, ein, und von nun an klettern wir gemeinsam auf den Berg. Auch sie ist gleich bereit, zum Maßnehmen auf das Zeitungspapier zu treten. Wir sitzen auf der Wiese und blicken ins Tal. Manchmal suchen wir den Himmel nach Flugzeugen ab, aber vom Dröhnen der Bombergeschwader ist nichts mehr zu hören. Das sind Augenblicke, in denen ich mich ins Gras fallen lassen kann.

Einmal sagt Gisela neben mir, sie halte mich für eine glückliche Frau. Ich sehe sie erschrocken an. Wie kommt sie auf diesen Gedanken? Aber wie soll sie wissen, daß das nicht stimmt. Habe ich nicht immer getan, was ich wollte, überlege ich. Das stimmt nicht, wird mir bewußt. Ich habe getan, was andere von mir wollten. Als Kind unterwarf ich mich der Meinung meiner Eltern, später den Lehrern, dann den Vorgesetzten. Um des lieben Friedens willen hielt ich meinen Mund ... Nein, glücklich bin ich nicht. Gisela blickt mich an. Das Schweigen zwischen uns wächst. Ich habe Mühe, ihre Worte zu verkraften, bringe nicht den Mut auf, ihr von Henners Tod und von unserer Beziehung zu erzählen. Gisela sieht mich weiter fragend an. Vertrauen zu haben ist etwas, das ich nicht gelernt habe. Sie spricht von ihrem Mann. Sie weiß nicht, wo er sich aufhält, wahrscheinlich an einem Abschnitt der oberitalienischen Front. Die Gegenwart ist auch für sie schmerzlich. Ob sie nach dem Krieg nach Rom zurückgehen will? Ja, antwortet Gisela, sie und ihr Mann könnten wieder im Hotel arbeiten. Wenn ich daran denke, daß mich zu Hause das alte Leben erwartet, bin ich unglücklich.

Unsere Dienststelle in Verona wird zu einer aufgeblähten Ansammlung von Wehrmachtsangehörigen. Immer mehr sind im letzten Jahr bei uns untergekrochen. Welche Funktion sie im Büro haben, ist nicht nachvollziehbar, und ich habe aufgehört, sie zu zählen. Eines Tages entdecke ich, daß die Koffer in meinem Zimmer durchsucht worden sind, und beschwere mich bei Konstantin. »Auch mein Gepäck ist durchwühlt worden«, schimpft er und verdächtigt den »Schnüffler«. »Der Kerl wurde uns zur Kontrolle geschickt. Aus der Sicht unserer vorgesetzten Dienststelle in Berlin sind wir weder ein ziviles Büro noch eine militärische Stelle, sondern schlichtweg ein Sauhaufen!« Zum ersten Mal höre ich von Konstantin eine selbstkritische Haltung. Gefunden hat der Schnüffler nichts. Vermutlich wollte er nur seine Daseinsberechtigung unter Beweis stellen.

In den Hotels des Nachbarortes Levico residiert der nicht weniger aufgeblähte Verwaltungsapparat eines Marinekommandos, von uns auch »reitende Gebirgsmarine« genannt. Das Marinekommando lädt uns zu einer Feier ein. Von Siegen gibt es auch hier nichts mehr zu berichten, aber wichtigtuerisch wird über Nichtigkeiten geredet. Ich kann nicht verstehen, daß ich das nicht schon früher bemerkt habe.

Wir werden Roncegno verlassen müssen. Ich mache den Vorschlag, das Ende unserer gemeinsamen Zeit mit einer Wanderung zum Castel Telvana, einer verfallenen Fluchtburg oberhalb von Borgo, zu beschließen. Gisela, Konrad und ich machen uns auf den Weg. Es wird wenig gesprochen. Jeder ist mit sich beschäftigt, denkt nach über das, was gewesen ist und was kommen könnte.

Seit Wochen habe ich keine Nachricht mehr von zu Hause. Wie wird es meinem Vater und meiner Schwester gehen? Karlsruhe, Essen, Düsseldorf und Hannover sind in den Händen der Amerikaner und Engländer. Die Apenninfront in Italien ist zusammengebrochen. Alpträume plagen mich. Ich sehe mich ganz allein auf der Welt. Das Land um mich ist verwüstet. Schweißgebadet wache ich auf. Und Nacht für Nacht dringen die Detonationen der Bomben aus Borgo zu mir herauf.

Plötzlich und überraschend stirbt mein Hund an einer Darmverschlingung. Von seiner letzten Besprechung in Mailand bringt mir Konstantin noch einmal einen Hund mit, einen kleinen, rabenschwarzen Pudel. Ich taufe ihn Blacky und lasse ihn nicht aus den Augen.

Pedraces

In unserer letzten Zuflucht Pedraces, einem Dorf in den Dolomiten, müssen wir in einem kleinen Hotel auf engstem Raum zusammenrücken. Nach kurzer Zeit wird bald da, bald dort ein Bett frei. Die Mitarbeiter aus Südtirol, die Telefonistinnen und der Dolmetscher aus Florenz verschwinden. Die Endphase des Krieges hat begonnen. Am 22. April haben sowjetische Panzer die Außenbezirke von Berlin erreicht. Stuttgart ist übergeben, Leipzig von den

Alliierten erobert worden. Am 25. April treffen amerikanische und russische Streitkräfte in Torgau an der Elbe zusammen. Wir sitzen an den Radiogeräten und hören die deutschen Nachrichten, Gisela den italienischen Sender. Wir fühlen uns von der Außenwelt abgeschnitten. Wann werden die Amerikaner hier sein?

Unsere Telefonistin, Frau B. aus Bozen, ist geblieben. Sie beeindruckt uns durch ihre Tüchtigkeit und Initiative. Sie wirtschaftet und kocht für uns. Offensichtlich stehen ihr noch genügend Geldmittel zu Verfügung, und sie kann bei den Bergbauern einkaufen. Wir helfen ihr beim Zubereiten des Essens, putzen Gemüse, schälen Kartoffeln. Zu tun gibt es sonst nichts mehr. Angesichts der ungewissen Zukunft wächst unser Kreis zu einer Art Familie zusammen.

Am 29. April wird Mussolini erschossen. Am späten Abend des 1. Mai erreicht uns die Nachricht, daß Adolf Hitler bei den Kämpfen um Berlin den Tod gefunden hat. Sein Nachfolger wird Admiral Dönitz. Daß Hitler nicht in einem Gefecht umgekommen ist, wie die Meldung glauben macht, sondern sich vergiftet hat, wissen wir damals nicht. Konstantin erhebt sich, nimmt sein Weinglas und sagt: »Ich trinke auf das Wohl des Führers, Adolf Hitler!« Seine Stimme zittert. Kann man auf das Wohl eines Toten trinken? Niemand steht mehr auf. Keiner erhebt sein Glas.

Am 2. Mai kapitulieren die deutschen Streitkräfte in Italien und die restlichen deutschen Truppen in Berlin. Am 8. Mai erfahren wir aus dem Radio von der Unterzeichnung der totalen und bedingungslosen Kapitulation Deutschlands. Admiral Dönitz hat ganze acht Tage regiert. Stumm hocken wir auf unseren Plätzen und vermeiden es, uns anzusehen. Es ist, als wäre etwas zerbrochen. Ich denke an die vielen Menschen, von denen ich weiß oder befürchte, daß sie im Krieg ums Leben gekommen sind. Ich spüre keine Freude, daß nun alles vorbei ist. Es ist ein vernichtendes Gefühl. Was wird mit uns geschehen?

Wir warten ab. Nichts geschieht. Ob niemand weiß, daß wir uns hier oben verstecken? Hat man uns vergessen?

Doch eines Vormittags sehe ich einen kleinen Konvoi die Dolomitenstraße herauffahren. Voran ein Auto, in dem ein Bersaglieri steht – Soldat einer Eliteeinheit italienischer Scharfschützen. Die lange Feder an seinem Hut ist weithin sichtbar. Mehrere Wagen folgen. Es ist soweit, sie kommen. Zum ersten Mal sehe ich Amerikaner und laufe sofort zum Chef. Der schickt nach Konstantin. Nachdem ich den anderen Bescheid gesagt habe, gehe ich in mein Zimmer. Ich will nicht Zeugin dieser Begegnung sein. Es ist etwas in mir, das mir Scham bereitet.

Geraume Zeit vergeht, bis die amerikanischen Soldaten wieder abziehen. Ein Bersaglieri-Offizier bleibt mit einigen seiner Leute zurück. Der junge Offizier streicht ums Haus und scheint nicht so recht zu wissen, was er tun soll. Seine Soldaten stehen da und dort verteilt. Wir werden bewacht. Als ich am Abend mit dem Hund auf die Straße gehe, merke ich, wie mich der Offizier mustert. Dann kommt er auf mich zu und fragt in gutem Deutsch, ob wir zusammen einen kleinen Spaziergang machen wollen. Wir könnten uns auch morgen in Toblach treffen, denn wir würden sowieso alle dorthin geschickt. Ich lehne ab. Wir werden also weggebracht von hier.

In Toblach bleiben wir zwei Tage. Immer zwei Frauen schlafen in einem Bett in dem Hotel, das uns zugewiesen worden ist. Tagsüber hocken wir dichtgedrängt und wortlos vor dem Haus und sehen einen Lkw nach dem anderen mit deutschen Soldaten in die Gefangenschaft fahren. Mancher sieht nicht unglücklich aus dabei.

Wortlos sitzen wir beim Abendessen. Deutschland ist besiegt, aber niemand spricht darüber. Was geht in den Köpfen der Leute vor? Mir ist diese Stille unheimlich. Sie quält mich. Ich kann nicht mehr an mich halten und sage laut: »Gott sei Dank, daß dieser Krieg zu Ende ist. Ich fühle mich befreit. Jetzt kann man endlich wieder ruhig schlafen!« Im selben Moment könnte ich mir auf die Lippen beißen. Daß ich wieder schlafen kann, ist kein Argument für das Ende des Krieges. Doch besser weiß ich meine Erleichterung nicht zum Ausdruck zu bringen. Da tritt ein großer, tadellos gekleideter höherer Marineoffizier auf mich zu, steht groß und drohend vor mir und schreit mich außer sich vor Zorn an: »So was wie Sie sollte man erschießen!« Sein Haß schlägt mir aus allen Nähten seiner Uniform entgegen. Mir schwindelt. Niemals habe ich mich elender, einem Menschen hilfloser ausgeliefert gefühlt als in diesem Augenblick. Furchtbare Angst packt mich. Ich weiß nicht, ob dieser Mann nicht noch eine Pistole besitzt. Keiner der Anwesenden kommt mir zu Hilfe, niemand steht mir bei in meiner Bedrängnis. Jeder hat Angst davor, diesem Mann entgegenzutreten. Ich möchte weinen, daß jetzt noch ein Mensch fähig ist, auf einen anderen zu schießen. Ich kenne den Herrn mit den blankgeputzten Stiefeln nicht und erkundige mich später nach seinem Namen. Käthe nennt ihn mir. Siegel hieß er, ich habe es nicht vergessen.

Nach wenigen Tagen wird bekannt, daß wir abtransportiert werden. Die Männer kommen ins Gefangenenlager nach Brescia, die Frauen sollen in Meran interniert werden. Interniert werden! Ich kann mir keine rechte Vorstellung davon machen, was das heißen soll. In der Nacht vor unserem Abschied gehe ich zu Konstantin. Ich überlege nicht lange, gehe einfach zu ihm. Die Einsamkeit, die Trauer, das Gefühl der Verlassenheit ist kaum zu ertragen. Er sieht mich überrascht, erstaunt und sehr hilflos an. Man hat ihm eine Kammer mit einer Notliege zugewiesen. Wir liegen still und stumm nebeneinander, wissen nichts zu sagen. Ich bleibe allein, einsam, traurig.

Eine Wagenkolonne wird zusammengestellt. Martin, der Dolmetscher, bietet sich an, einen der Lkws zu fahren, die Gepäck und Menschen transportieren sollen. Neben ihm sitzt Konstantin. Unser Lkw setzt sich als erster in Bewegung, die anderen folgen. Auf der Fahrt wird wenig gesprochen. Martin redet über Belangloses, es ist wohltuend, daß er es versteht, über nichts zu reden. Plötzlich fängt Konstantin an zu weinen, laut und hemmungslos. So hemmungslos habe ich bisher nur einen Mann weinen hören: meinen Vater am Tag, als meine Mutter begraben wurde. In unserer Betroffenheit wissen wir zunächst nichts zu sagen. Für Konstantin, der im Krieg weder Hören noch Sehen noch Fühlen gelernt hat, bricht mit Hitlers Tod eine Welt zusammen. Martin fragt nichts. Meine Stimme ist mir fremd, als ich sage: »Es wird weitergehen.« Aber wie, weiß ich nicht.

Es ist weitergegangen, und ich habe Konstantin wiedergesehen. Er arbeitete als Rechtsanwalt und sprach nur über seine Anwaltspraxis und seine Jagdhütte. Er war dick geworden, ich hatte ihn kaum wiedererkannt. Berlin, die Stadt, in der ich lebte und die gerade durch die Mauer geteilt worden war, solle man am besten kurzerhand den Russen überlassen, fand er. Seine Meinung schmerzte mich. Keine Frage nach mir, kein Interesse an dem, was ich dachte. Wir haben uns kühl voneinander verabschiedet.

Kurz vor Bozen machen wir halt. An der Etsch gabelt sich die Straße nach Meran. Der Chauffeur des Chefs kommt auf mich zu, nimmt mich beiseite und flüstert: »Wenn es geht, achten Sie bitte auf Frau B. Sie erwartet ein Kind!« Ich bin verwirrt. Daß zwischen den beiden eine Beziehung bestand, wußte ich nicht. »Da, wo Sie sind«, fügt er hinzu, »geht man nicht unter!« Die Menschen halten mich für standfester, als ich bin, sie wissen nichts von mir. Ich verspreche, so gut ich kann auf Frau B. zu achten. Dann verabschiede ich mich von Martin, klettere vom Lastwagen und höre, wie er mir zuruft: »Mach's gut, Mädchen!« Auf einmal freue ich mich unbändig, daß er lebt, daß er nicht den »Heldentod« sterben mußte. Ich ziehe das Kriegsverdienstkreuz aus meiner Manteltasche und werfe es im hohen Bogen ins Wasser. Die Urkunde zerreiße ich in kleine Stücke und sehe, wie sie der Wind auf den Wellen fortträgt. Ich blicke mich um. Niemand scheint mich bemerkt zu haben. Nur Konstantin schaut zu mir herüber.

Unsere Wege trennen sich.

Internierung

Meran

Meran im Sommer 1945 ist eine Lazarettstadt. Wir werden auf dem Sanitätsgelände untergebracht. Die Frauen sollen im Sanitätspark arbeiten, in dem Verbandsmaterial hergestellt wird. Ich mache mir Gedanken wegen meines Hundes Blacky, in die sterilen Räume kann ich ihn nicht mitnehmen. Als ich höre, daß für den angrenzenden Obst- und Gemüsegarten Frauen zur Gartenarbeit gesucht werden, melde ich mich sofort, mit mir Gisela und die schwangere Frau B. Meran liegt in einem Talkessel. Der Sommer ist schwül und heiß. So beginnen wir in aller Herrgottsfrühe, um 5.00 Uhr morgens, mit dem Jäten, Graben und Hacken, und um 12.00 Uhr mittags läutet es Feierabend. Der Nachmittag wird meistens vertrödelt.

Wir leben in Baracken. Jeder Schlafraum hat vier Betten, Gisela schläft im Bett über mir. Daß die Gartenarbeit Frondienst sein soll, kann ich nicht begreifen, im Gegenteil: Sie macht uns Spaß. Blacky rennt munter umher und gewinnt die Herzen der Barackenbewohnerinnen. Niemand nimmt ihm das respektlose Betreten der Beete übel. Die Sonne verbrennt uns, und mit wird nachgesagt, ich sähe aus wie eine italienische Landarbeiterin.

Im Sanitätspark, der von einem österreichischen Apotheker geleitet wird, arbeiten Frauen aus verschiedenen Ländern. Da ist eine Gruppe von Lettinnen, kräftige, blonde Frauen aus Riga. Weil sie nicht den Russen in die Hände fallen wollten, erzählen sie, haben sie sich der deutschen Wehrmacht angeschlossen. Außer ihrem unerschütterlichen Optimismus besitzen sie nur, was sie auf dem Leibe tragen. Sie lachen viel, sind fröhlich und von dem

Wunsch erfüllt, eines Tages nach Amerika auszuwandern. Das werden sie auch schaffen.

Noch eine Gruppe Frauen fällt uns auf. Aus ihnen ist kein Wort herauszubringen. Es heißt, das wären SS-Mädchen, zu Spezialaufgaben ausgebildet. Die Amerikaner haben sie gesondert untergebracht. Sie arbeiten nicht. Wir sehen sie nur beim Essen an einem gesonderten Tisch, hochgewachsene, schöne Frauen. Sie halten sich ängstlich zurück. Man sieht sie nie allein; wo die eine ist, tauchen auch die anderen auf. »Ob sie Agentinnen sind?« fragen sich die einen. Die anderen vermuten: »Das sind Frauen, die man mit SS-Männern zusammensperren wollte. Das hätte eine Elitezucht ergeben!« Wir hören sie in einer unbekannten Sprache sprechen und orakeln, ob es Wallonisch sein könnte. Eines Tages sind sie wieder verschwunden und mit ihnen ihr Geheimnis.

Gisela und Frau B. besitzen italienische Pässe und dürfen zu bestimmten Stunden das Lager verlassen. Die deutschen Internierten dürfen das nicht. Eines Tages kommt die schwangere Frau B. von einem Spaziergang nicht mehr zurück. Gisela versucht, Kontakt nach Rom aufzunehmen. Als sie erfährt, daß wieder eine Zugverbindung nach dem Süden besteht, sagt auch sie uns eines Tages auf Wiedersehen und kommt nicht von ihrem Ausgang wieder.

Die deutschen Internierten müssen lange Fragebögen ausfüllen. Ich bin nicht mutig genug, mich zu dem Schreckensjahr in der Ukraine zu bekennen, und gebe drei Jahre Italien an. Ich besitze nur meinen Paß. Papiere, aus denen meine Tätigkeit und meine Aufenthaltsorte hervorgingen, habe ich nicht. Die Dokumente über den Einsatz aller Stabshelferinnen sind zentral in Berlin verwaltet worden. Ich habe Angst, der Vernehmungsoffizier könnte mich fragen, warum ich überhaupt in den Krieg gezogen bin. Eine Antwort wüßte ich nicht. Vielleicht, daß man am Anfang keine Ahnung von dem hat, worauf man sich einläßt.

Nach Abgabe der Fragebögen bekommen wir Passierscheine. »Laissez-passer« steht darauf und die Zeiten, wann wir das Lager verlassen dürfen und wieder zurück sein müssen. Was für ein köstliches Gefühl, nach Wochen des Eingesperrtseins das erste Mal wieder frei durch die Straßen zu laufen. Ich ziehe ein hübsches Kleid an. Blacky nehme ich auf den Arm, aber er will nicht getragen werden. Wir spazieren an der ungestümen Etsch entlang und bleiben vor den Auslagen der Geschäfte stehen. Was für herrliche Dinge es zu kaufen gibt! Ich schlendere durch blumengeschmückte Parkanlagen und setze mich auf eine Bank. Menschen flanieren vorüber, als habe es nie einen Krieg gegeben. Ich sitze auf der Bank, betrachte die sorglosen Spaziergänger und muß an die Kennzeichnung der Bänke für Juden denken. Auch das ist nun vorbei. Ich denke an zu Hause. Hat mein Vater, hat meine Schwester den Krieg überlebt? Briefeschreiben ist uns nicht gestattet.

Beim nächsten Spaziergang wage ich mich ein Stück weiter vor. Ich will mit der Seilbahn zum Hafling oberhalb Merans fahren. Die Kabinenbahn ist voller amerikanischer Soldaten. Wenn sie merken, daß ich Deutsche bin, was werden sie mit mir machen? Ich habe die Schamlosigkeit der Soldaten vor der Entlausungsbaracke in der Ukraine nicht vergessen. Im selben Augenblick jedoch überflutet mich ein bis dahin nicht gekanntes Glücksgefühl. Ich spüre, ich habe das Recht, die Dinge zu tun wie jeder andere auch. Eine wunderbare Erleichterung erlöst mich aus meiner Furcht.

Meine Lebensfreude kehrt zurück. Die Arbeit auf dem Feld macht mir Spaß, ich darf mich wieder frei bewegen. Eines Tages kaufe ich mir mit großer Lust etwas völlig Überflüssiges, etwas sündhaft Teures, etwas, das ich in meinem Barackenleben überhaupt nicht gebrauchen kann: ein Nachthemd aus glänzender, reiner Seide. Nie habe ich ein schöneres besessen! Beschwingt laufe ich mit meinem Einkauf unter dem Arm ins Lager zurück, breite das Roaschöne über dem Barackenbett aus und lasse es durch die Hände gleiten. Da steckt meine Nachbarin den Kopf durch die Tür und fragt: »Hast du schon gehört? Die Amerikaner haben eine Atombombe auf Hiroshima geworfen.«

Es wird Herbst. Von einer Heimkehr der deutschen Frauen ist noch nicht die Rede. Es geht uns nicht schlecht, das Essen ist ausreichend. Die Küche wird von einer jungen Frau geleitet, die nur wenige Jahre älter ist als ich und früher als Diätassistentin in einem Krankenhaus gearbeitet hat. Ich bewundere ihre Tüchtigkeit, wie sie ihren Mitarbeiterinnen Anordnungen gibt und für die etwa 300 Frauen im Lager die Vorräte einteilt. Alles funktioniert tadellos bei ihr. Die beiden Herde, die Kessel und Töpfe und der Fußboden sind nach Beendigung der Mahlzeiten auf Hochglanz poliert. Es duftet nach Scheuersand und Desinfektionsmitteln, als sollten nach dem Essen Operationen von großer Wichtigkeit in der Küche stattfinden.

Oft liege ich auf der Pritsche und denke über meine Zukunft nach. Ich würde gerne in Meran bleiben. Aber wie soll ich das anstellen? Martin hatte mir die Adresse des Dienstmädchens seiner Eltern gegeben, das außerhalb Merans auf einem kleinen Bauernhof lebt. Ich besuche sie. In ihrer Unbeholfenheit aber kann mir die Familie des Mädchens weder helfen noch raten.

An einem Nachmittag will ich mit meinem Hund nach Dorf Tirol hinausfahren. An der Omnibushaltestelle hält ein Lkw. Mühsam, auf Krücken gestützt, steigen deutsche Soldaten herunter. Ein Mann humpelt auf mich zu. Wir sehen uns an. Ich frage zweifelnd: »Peter?« Der Angesprochene staunt und fragt, was man in unerwarteten Situationen zu fragen pflegt: »Was machst du denn hier?« Das Leben ist eine Summe von Zufällen. Peter und ich haben uns vor dem Krieg in Berlin auf einem Studentenball kennengelernt und uns schnell wieder aus den Augen verloren. »Es hat mich übel erwischt«, klagt er und zeigt auf sein Bein. »Die Verwundung macht mir schwer zu schaffen.« Er gibt mir die Adresse seines Lazaretts.

Ich gehe Peter bald im Lazarett besuchen. »Die amerikanischen Ärzte sind entsetzt über die vielen Amputationen an deutschen Verwundeten«, erzählt er. »Da sind die Amerikaner besser dran. Sie waren uns in der Entdeckung des Penicillins um eine Nasenlänge voraus.« Peter kann die Schmerzen kaum ertragen und überlegt, ob er sich sein Bein amputieren lassen soll. Er glaubt, es ginge ihm dann besser. Ich rede ihm den Gedanken immer wieder aus. Wenn Penicillin ein solches Wundermittel ist, warum soll es nicht auch ihm helfen! In den Krankensälen fahren die Beinamputierten auf rollenden Holzuntersätzen zwischen den Betten ihrer Kameraden und auf den Gängen herum. Die Schwestern haben die Hosenbeine der Verwundeten mit großen Sicherheitsnadeln an den Ärmeln ihrer Jacketts befestigt. Ich höre ihre ans Bett gefesselten Kameraden rufen: »Kumpel, hol mir doch mal die Gabel! Kumpel, den Teller bitte!«

Nach jedem Lazarettbesuch werde ich von einem Gefühl wilder Verzweiflung gepackt. Ich laufe an der Etsch entlang, die sich tosend ihren Weg durch die unzerstörte Stadt bahnt. In der Wärme des Spätherbstes blüht und grünt es noch üppig in den Gärten. Ich möchte laut übers Wasser schreien: »Ich habe überlebt, ich bin gesund, mein Körper ist heil!« Dann überfällt mich Trauer. Ich denke an Henner, an Alexander, die beiden Vettern und den »Leutnant aus Paris«.

Von Peter höre ich, daß sein Schulfreund Karl als Adjutant des ehemaligen Generalarztes in Meran arbeitet. Durch Karls Hände gehen die Listen mit den Einteilungen für die Lazarettzüge und die Ausschreibung der Transportlisten. Eines Tages sagt Peter: »Geh zu Karl. Ich habe mit ihm gesprochen. Du mußt hier raus. Er wird dir helfen.«

Karl will mich mit dem Lazarettzug über die Grenze schleusen. Nach einigen Wochen ist es soweit. Aber es gibt ein Problem: Blacky, mein Hund. Ihn mitzunehmen ist unmöglich. Eine Dame in der Stadt, deren Bekanntschaft ich gemacht habe, will Blacky behalten. Einen Tag lang nehme ich Abschied. Blacky spürt, was ihm bevorsteht, und weicht nicht von meiner Seite. Ich liefere ihn bei der Dame ab, doch zwei Tage später steht er wieder vor meiner Barackentür. Ich will ihn nicht mehr hergeben. Die zweite Trennung fällt mir noch schwerer. Die Dame drückt mir zum Dank ein Pfund Kaffee in die Hand. Sie fürchtet wohl, ich könnte es mir doch noch anders überlegen. Benommen mache ich mich auf den Heimweg. Meinen Hund gegen ein Pfund Kaffee getauscht zu haben, kann ich mir nicht verzeihen.

Tags darauf werde ich auf die Frauenstation des Lazaretts gerufen und erhalte Instruktionen. Ein Bett wird mir zugewiesen. Die erste, die mir auf der Station über den Weg läuft, ist meine ehemalige Kollegin Verena aus Roncegno, die wegen einer rätselhaften Erkrankung schon kurz vor Kriegsende nach Meran gebracht worden war. Sie sieht erschreckend abgemagert aus, hat gerade die sogenannte »Bangsche Krankheit« überstanden, ist aber auf dem Weg der Besserung. Bergbauern aus Roncegno hätten ihr wissentlich verseuchte Milch verkauft, erzählt sie. Wir stehen noch eine Weile zusammen auf dem Flur. Ich jammere Verena vor, wie schlecht es auch mir geht. »Mein Gott«, sagt sie, »wie siehst du bloß aus?« Ich bin erschrocken. Wie meint sie das? Die Sonne hat meine Haut gnadenlos verbrannt, sonst geht es mir gut. Ich denke, jetzt fliegt der Schwindel auf. Oder spiele ich meine Rolle so gut? Verunsichert fahre ich wieder ins Lager zurück und klage auch dort ein bißchen, wie elend ich mich fühle.

In der Frühe des nächsten Tages verabschiede ich mich von den Frauen in der Baracke. Sie wissen nicht, daß ich Meran verlasse, nur, daß man mich ins Lazarett eingewiesen hat. »Auf Wiedersehen, irgendwann einmal!« Ein Sanitätsauto holt mich ab. Auf der Krankenstation lege ich mich ins zugewiesene Bett. Die amerikanischen Ärzte, begleitet von deutschen Kollegen, gehen von Zimmer zu Zimmer, lassen sich die Patientinnen vorstellen und ihre Krankengeschichte vortragen. Ich liege da, die Decke an den Hals gezogen, und darf keinen Ton sagen. Alles andere regelt Karl. Er erzählt irgendeine Geschichte, dann höre ich das Okay des Amerikaners. Ich stehe auf der Liste und habe einen Platz im Lazarettzug des Roten Kreuzes. Die Zeit reicht gerade noch, mich von Peter zu verabschieden.

Das Ziel des Verwundetentransports ist auch dem begleitenden Sanitätspersonal nicht bekannt. Unser Bettenzug hat längere Aufenthalte, und es entsteht der Eindruck, als wisse man nicht so recht, wohin mit uns. Wer kann die vielen Verwundeten aufnehmen? Beim ersten Halt nach der deutschen Grenze kommen Frauen an die Waggons und reichen verschnürte Päckchen und Tassen mit heißem Tee durch die Fenster. Kinder werfen Blumensträuße hinein. Ich helfe den Schwestern beim Verteilen des Essens. Meine Kehle ist zugeschnürt. Dieser Platz steht mir nicht zu! Dann wehre ich mich gegen das aufsteigende Weinen. Ich bin auch verwundet. Nur nicht daran denken, daß unter den Bettbezügen mit den straffgespannten weißen Laken viele verkrüppelte Heimkehrer liegen.

Lazarett Göppingen

Beim Halt auf dem Bahnhof Göppingen bei Stuttgart heißt es, wer gehen kann, soll aussteigen. Die Schwerverwundeten werden auf Tragen gelegt. Ein großer Kasernenkomplex in Welsheim ist als Lazarett eingerichtet worden. Über dem Eingangstor steht »Prisoners of War Hospital«. Das POW-Hospital Göppingen liegt in der amerikanischen Besatzungszone.

Ich gebe nicht vor, krank zu sein, sondern melde mich gleich zur Arbeit. Niemand fragt, wie es mir gelungen ist, aus Meran herauszukommen. Ich sitze im Lazarettbüro und schreibe Krankengeschichten. Fehlt eine Schwester, muß ich an der Visite teilnehmen. Ich besitze einen Passierschein und darf tagsüber das Lager verlassen – ein Vorteil manch anderem gegenüber. Wie viele Briefe ich hinausgeschleust habe, weiß ich nicht. Ich bringe es zu einer gewissen Perfektion darin, mit harmlosem Gesicht unter einem geliehenen Schwesterncape mehrere Flaschen des fürchterlichen Kartoffelschnapses zu transportieren, der als »Topinambur« in der Gegend gebrannt wird. Nur die rechte Hand zum Vorzeigen des Ausweises muß frei bleiben. Die Nachfrage ist groß, die lasche Kontrolle der gelangweilt dreinblickenden amerikanischen Soldaten am Lagertor kommt mir zugute. Angst, daß man mich bei meinem Treiben erwischen könnte, habe ich nicht, nur fürchte ich, daß ich unwissentlich eine Flasche mit Methylalkohol hereinschmuggeln könnte, vor dem in den Zeitungen immer wieder gewarnt wird.

Die Verpflegung ist gut und ausreichend. Jeden Tag erhalten wir drei Zigaretten und jeden zweiten zusätzlich einen Riegel Schokolade. Der Tauschhandel läuft auf vollen Touren. Amerikanische Soldaten lassen angerauchte Zigaretten aus den Fenstern fallen, und die Deutschen – ob Offizier oder Gefreiter – bücken sich hastig nach den Stummeln. Die Amerikaner scheinen großen Gefallen an dieser Demütigung zu finden und lachen über das Benehmen der »Herrenrasse«.

Ich treffe Änne, eine Helferin aus dem Lazarettzug, wieder, und wir verabreden uns in der Mittagspause. Änne ist klein, zierlich, voller Energie. Sie berichtet, daß sie durch die Hilfe eines amerikanischen Arztes nach Deutschland gekommen ist. Sie hat ihm von ihren Erlebnissen in den letzten Kriegswochen erzählt. Ihr Mann arbeitete als Arzt auf einem Hauptverbandsplatz an der oberitalienischen Front. Das Ende war abzusehen. Änne dachte: Wenn ich schon nicht mit ihm leben darf, will ich wenigstens mit ihm sterben. Ihr Entschluß stand fest, sie wollte zu ihm. In mehreren Etappen, unter Zeltplanen versteckt, haben Landser sie mit verwegenen Tricks über die Grenze geschmuggelt. Es ist ihr tatsächlich gelungen, den Frontabschnitt ihres Mannes zu finden. »Du kannst dir nicht vorstellen«, lacht sie, »wie sein Gesicht aussah, als ich verdreckt, einen Rucksack auf dem Rücken, auf dem Hauptverbandsplatz vor ihm stand!« Schwestern gab es hinter der Hauptkampflinie nicht, nur Sanitäter. Ihr Mann zeigte ihr, wie man Spritzen gibt. Sie hat Verwundete verbunden, mit Medikamenten versorgt, hat geholfen, so gut es ging. Nach Kriegsende sind sie gemeinsam in die Gefangenschaft gegangen. Ihr Mann arbeitet schon seit Monaten wieder im Krankenhaus in Stuttgart, Änne wartet noch auf ihre Entlassung.

Wir sind fünf Frauen, die in einem ehemaligen Kasernenraum leben und sich auf einen unbestimmten Aufenthalt einrichten. Fast alle sind wir im von den Russen besetzten Teil Deutschlands zu Hause, und dahin will niemand zurückgehen. Eine von uns ist Tamara von W., schätzungsweise 45 Jahre alt, etwas zur Fülle neigend, blond, Witwe. Sie kommt aus dem Baltikum; wo ihre Kinder geblieben sind, weiß sie nicht. Sie ist auf der Suche nach Verwandten. Etwas Konkretes über ihre Familie oder ihren Mann ist von ihr nicht zu erfahren. Einmal hören wir, wie ein Arzt sie mit »Baronin« anredet und werden aufmerksam. Ihre Überlebenschance heißt Verschwiegenheit. Ich höre ihr gerne zu, wenn sie mit hartem baltischen Akzent Gedichte liest. Oft liegt sie mit Schuhen auf dem Bett, sagt nichts und starrt unbeweglich an die Decke.

Elisabeth aus Eisleben ist ein munteres Mädchen. Ihr ausgeprägter Dialekt erinnert mich an meine Großeltern in Anhalt. Ich kenne niemanden, der unmusikalischer als sie wäre. Hat eine von uns Geburtstag, weiß Elisabeth, daß wir auf den Betten liegen und Tränen lachen, wenn sie singt: »Ich bin die Lilly, die Lilly aus Bajanga, ich bade jeden Abend splitternackt im Janga«.

Meine Nachbarin im Oberbett ist Schneiderin. Sie hat ein paar Kleidungsstücke für Tamara genäht, denn die besaß nur, was sie auf dem Leibe trug. Maria kommt aus Oberschlesien und spricht ein holpriges Deutsch. Sie ist bildhübsch, und sie besitzt eine Katze. Es ist uns rätselhaft, wie sie das Tier durch die Kontrollen gebracht hat. Die Katze springt oft auf den Schrank und faucht die Heiligenbilder an, die Maria in einer Reihe aufgehängt hat. Wir hören sie schimpfen: »Gähst du runter, alter Katz! Gästern hast du heiliger Josef runtergeschmissen, heute spekulierst du auf Jesukind!«

Dann ist da noch Ria aus Köln. Sie hat fünf Jahre in Norwegen gearbeitet und weigert sich hartnäckig, nach Köln zurückzugehen. Wegen der Familienverhältnisse, behauptet sie. Ria glaubt, ich sei ein Sonntagskind. Ich widerspreche ihr nicht.

Im Lager wird ein Theater gegründet, und man fordert mich auf mitzumachen. Pflegepersonal, Ärzte, auch Berufsschauspieler haben sich bereits gemeldet. »Der Raub der Sabinerinnen« soll unsere erste Inszenierung werden. Die amerikanische Militärregierung genehmigt die Aufführung, und wir dürfen zugunsten des eigens eingerichteten Prothesenfonds des Lazaretts 50 Pfennige Eintritt verlangen. Das Programm kostet 20 Pfennige. Der Schauspieler Hans Huth aus Hamburg führt Regie und spielt die Hauptrolle, den Striese. Ein Lazarettarzt mimt Professor Gollwitz, mir ist die Rolle der Marianne zugedacht. Wir sind mit großer Begeisterung bei den Proben und spielen das Stück vor einem überaus dankbaren Publikum viele Male in der Kantine des Lazaretts, die bis in den letzten Winkel besetzt ist.

Am letzten Abend, an der Passage des Stücks, bei der ich laut Text mit einem Koffer in der Hand von »meinem Mann« weggehen will, bewegt sich dieser Koffer heftig. Ich lasse ihn fallen, er geht auf, und heraus springt die erschreckte Katze unserer Mitbewohnerin Maria. Wild fauchend, stürzt sie mit einem großen Satz von der Bühne in den Zuschauerraum. Alles schreit vor Vergnügen, auch wir auf der Bühne.

Der Erfolg ist groß, in die Kasse des Prothesenfonds fließt reichlich Geld. Wir werden sogar in der Göppinger Presse gelobt. Das ermutigt uns, ein neues Stück zu proben. In »Lauter Lügen« spiele ich die Rolle der Joan Schröder-Bancroft. Tamara soll die Kostüme anfertigen. Erst sträubt sie sich gegen das Mitmachen, aber wir reden ihr zu, daß sie etwas tut, um aus ihren Depressionen herauszukommen. Das tief ausgeschnittene Kleid, das sie mir aus einem schwarz gefärbten Bettlaken näht, ist hauteng und mit Sicherheitsnadeln zugesteckt, es droht jeden Augenblick zu reißen. Auch dieses Stück wird ein Erfolg. Jetzt erhalten wir von der Militärregierung die Erlaubnis, mit der Inszenierung auf die Dörfer zu fahren. Wir drucken Programmzettel. »Kriegsgefangenenlazarett Göppingen – zugunsten des Prothesenfonds. Eintritt 50 Pfennige.« Nach der Vorstellung stellen wir glücklich fest, daß in der Kasse viele große Geldscheine liegen. Je mehr Geld wir einspielen, desto bessere, individuell angefertigte Prothesen können gekauft werden, denn die einfachen, von den Krankenkassen angefertigten sind für die meisten Beinstümpfe ungeeignet und verursachen schmerzhafte Entzündungen.

Im Lazarett kommen immer häufiger Transporte deutscher Kriegsgefangener aus französischen Bergwerken an. Unter den Kranken sind auch Tbc-Patienten. Da die Tbc-Station belegt ist, werden die Männer auf die Innere eingewiesen, wo ich arbeite. Der Arzt untersucht die ausgemergelten Gestalten, läßt Röntgenaufnahmen machen und untersucht sie noch einmal. Er kann nichts Verdächtiges finden. Ratlos sieht er sie an und fragt schließlich: »Wer hat euch denn die Spucke geliehen?« Sie drucksen herum, wissen, daß sie nicht Tbc-krank sind. Dem Arzt dämmert es. Ein beherzter Kollege in einem französischen Kriegsgefangenenlager hatte ihnen die Diagnose Tbc bescheinigt und sie damit vielleicht vor dem Tode bewahrt.

Manchmal werden Kranke zur Untersuchung in meinen Schreibraum geschoben. Ich habe eine Menge Berichte zu tippen, als wieder ein Patient hereingebracht wird. Zunächst beachte ich ihn nicht. Dann fällt mir die merkwürdige Stille im Zimmer auf. Ich gehe an sein Bett, betrachte das kleine, abgemagerte Gesicht und sehe beklommen, daß er, ohne einen Laut von sich zu geben, gestorben ist. Ich hole die Schwester. Der Gedanke, daß ich mit ihm hätte sprechen sollen, läßt mich nicht los.

Im Frühjahr 1946 kommen die ersten Postverbindungen mit Berlin zustande. Entlassene Soldaten haben Briefe für die Angehörigen einiger Patienten mitgenommen, jetzt treffen die Antworten ein. Einer aus der Theatergruppe erfährt von seiner Mutter, daß seine Frau sich und den kleinen Sohn beim Einmarsch der Russen in Berlin mit Zyankali vergiftet hat. Als er später entlassen wird, schenkt er mir ein abgegriffenes Bändchen Liebesgedichte. Er habe es im Krieg immer bei sich getragen, sagt er mir. Es ist ein Gedichtband von Heinrich Heine. Tamara liest uns daraus vor: »Denk ich an Deutschland in der Nacht, dann bin ich um den Schlaf gebracht!«

Eines Tages ist auch ein Brief für mich dabei. »Gott sei Dank«, schreibt mein Vater, »daß du lebst.« Meine Schwester Friede war aus Güterfelde geflüchtet, als die Sowjets mit ihren Panzern schon in den Ort hereinrollten. Es gelang ihr, sich nach Schleswig-Holstein durchzuschlagen. »Das Haus mußten wir räumen, es wurde von den Russen beschlagnahmt. Volker ist beim Rückzug gefallen.« Volker war Vaters jüngster Bruder. Im letzten Kriegsjahr schickte er jedem Familienangehörigen sein Foto. Mir schrieb er auf die Rückseite wie zum Abschied: »Zur Erinnerung an Deinen Onkel Volker«. »Auch Friedrich ist bei den Kämpfen in Berlin ums Leben gekommen«, heißt es in Vaters Brief. Friedrich war der einzige Bruder unserer Mutter.

Außerhalb des POW-Hospitals wird ein Versorgungskrankenhaus eingerichtet. Zu den Langzeitkranken gehören auch die an beiden Beinen Amputierten, die sich, genau wie in Meran, nur auf rollenden, kleinen Untersätzen durchs Lager bewegen können. Ihre Stümpfe sind vom Tragen der schlecht konstruierten Krankenkassenprothesen ständig entzündet. Nur wenige von ihnen haben genug Geld, um individuell gefertigte Prothesen zu bezahlen. Leider können wir nicht annähernd genügend Geld zur Beschaffung besserer Prothesen für alle Amputierten einspielen.

Es gibt Zeiten, wo ein Selbstmord den anderen nach sich zieht. Der überwiegende Teil der Männer, die für den Freitod die Fensterkreuze in den Waschräumen wählen, sind ehemalige SS-Angehörige. Frauen halten besser durch. Ich treffe beim Duschen manchmal ein junges Mädchen, jünger als ich. Unter ihrem Arm ist das Blutgruppenzeichen der SS eintätowiert. Manchmal höre ich sie leise summen. Sie denkt nicht daran, ihr Leben wegzuwerfen.

Wir, die wir uns nicht aus dem Leben stehlen wollen, suchen nach einem Halt. So gut es geht, versuchen wir, die Wartezeit zu nutzen, sind ausgehungert nach geistiger Nahrung. Einige von uns scharen sich um einen Journalisten, der sich mit fernöstlicher Philosophie beschäftigt. In diesem Kreis erhalte ich neue, faszinierende Eindrücke. Die Räume, in denen Vorlesungen über Mathematik und Kunstgeschichte stattfinden, sind überfüllt. Sprachkurse werden angeboten. Ich mache die Bekanntschaft von Rolf aus Leipzig, der, zielstrebig und nüchtern, stets mit einem englischen Grammatikbuch in der Hand anzutreffen ist. In der russischen Besatzungszone, sagt er, gibt es für ihn keine Zukunft. Er will sich auf die Suche nach Arbeit irgendwo in der Welt machen, wahrscheinlich als Holzfäller nach Kanada auswandern. Auf seinem Entlassungsschein steht: Beruf Abiturient. Alter 27 Jahre.

Wir fünf Frauen in unserem Zimmer sind eine zusammengewürfelte Notgemeinschaft und ertragen gemeinsam das Lagerleben. Wo sollen wir auch hin? Trotz der Enge verstehen wir uns gut. Wir reden vom Glück, daß das Dach über unserem Kopf dicht ist und wir keinen Hunger leiden. Am schlimmsten ist Tamara von dem langen Warten betroffen. Sie erhält von niemandem Nachricht. Tag um Tag läuft sie in ihrem grauen, ausgebeulten Rock und ihrer verwaschenen Bluse herum, scheint oft nicht die Kraft zu haben, ihre Kleidung zu reinigen, und wechselt sie nur an Sonntagen. Dann geht sie in dem von Maria genähten Kleid gelegentlich in den Gottesdienst.

Maria heiratet einen 25 Jahre älteren Landsmann aus der

Schneiderei. Ihr Flüchtlingsschicksal wird durch die Aussicht auf eine Bleibe in der Nähe von Göppingen und die Eröffnung einer Schneiderwerkstatt bald ein Ende haben. Elisabeth, jünger als ich, ist zuversichtlich. Sie wird nicht nach Eisleben zurückkehren. Während des Krieges war sie Flakhelferin; nach dem Abitur blieb ihr, wie den meisten von uns, keine Möglichkeit zur Berufsausbildung. Woher sie ihren Optimismus nimmt, irgendwann den Absprung aus diesem Lazarett zu finden, weiß ich nicht. Aber ihre Zuversicht steckt an. Ria will mit Hilfe einer Freundin versuchen, eine Arbeitsgenehmigung für eine Stelle als Schwesternschülerin in einem Krankenhaus bei Braunschweig und die dafür erforderliche Aufenthaltsgenehmigung zu bekommen.

»Ich gehe nicht mehr von dir fort«, sagt mir nach wenigen Tagen Bekanntschaft ein Mann im Lager. Er ist Arzt, zehn Jahre älter als ich, und die Frauen in der Stube behaupten, er wäre für einen Mann »zu schön«. Ich weiß nicht, warum ich in seiner Gegenwart oft bedrückt bin. Mit ihm zu reden ist schwierig. Dann wieder bin ich ihm zugetan. Als in der Lazarettschusterei ein Paar Schuhe von mir gestohlen wird, ist er sogleich bereit, mir ein anderes Paar zu reparieren, und nagelt mit geschickten Händen aus einem gebrauchten Autoreifen geschnittene Sohlen auf die durchlöcherten alten.

Spricht er von den Selbstmorden der SS-Leute, denen er Totenscheine ausstellen muß, erklärt er: »Am besten ist, man nimmt sich auch einen Strick!« Ich weiß nicht, wie ich mich gegen seinen Pessimismus, seinen Lebensüberdruß wehren kann. Was drückt ihn nieder? Er war nie an der Front, ist unbeschadet aus dem Krieg gekommen, in keiner Partei gewesen. Er hätte allen Grund, zuversichtlich zu sein.

Wolfgang erzählt nie von sich, von seinem Elternhaus oder davon, was ihn bedrückt. Was bedeute ich ihm? Was gefällt ihm an mir? Einmal erzähle ich ihm von meiner

Aufnahmeprüfung in die höhere Mädchenschule. Ich hatte Angst vor dieser Prüfung, dabei war ich weder eine schlechte noch eine gute Schülerin. Eine von vielen, so mittendrin. An die Möglichkeit, nicht zu bestehen, mochte ich nicht denken, das wäre zu Hause eine große Blamage gewesen. »Als ich euch zurückkommen sah«, sagte später meine Mutter, »wußte ich, du hattest bestanden. Du hüpftest und hieltest die Arme nicht still!« Meine Schilderung gefiel Wolfgang nicht. »Um dich habe ich keine Sorge. Du kommst schon durch!« Das klang nicht nach Anerkennung.

Sein Zimmer teilt Wolfgang mit einem einige Jahre älteren Kollegen. Er trägt eine zusammengestückelte Uniform, aus der keine Zugehörigkeit zu einem Truppenteil zu erkennen ist. Die beiden Männer reden wenig miteinander. Ich merke, daß sein Nachbar mit jedem Wort vorsichtig umgeht und auch Wolfgang ihm gegenüber unsicher ist, als habe er etwas zu verbergen. Irgendwann ist dieser Kollege aus dem Lager verschwunden. Wie er das gemacht hat, bleibt ein Rätsel; ohne Helfer kann er die Flucht nicht geschafft haben. Wir erfahren, daß er ein gesuchter SS-Arzt war.

Eines Tages kommt Wolfgang auffallend heiter zu mir. Amerikanische Ärzte haben ihn zur Konsultation nach Heidelberg mitgenommen. Wolfgang ist Internist für Diabetes, in Heidelberg mußte er erkrankte amerikanische Zivilisten untersuchen. Für eine Weile hält sein Optimismus an und überträgt sich auch auf mich, bis sein Pessimismus wieder durchbricht und ich nicht mehr an unsere Zukunft glauben kann.

Damals wußte ich nicht, daß alle Dokumente, die Wolfgang als promovierten Arzt auswiesen, gefälscht waren. Er hatte niemals promoviert.

Das Warten macht ungeduldig. Das Lagerleben ist grau, Visiten, Krankengeschichten schreiben. Was mache ich, wenn ich hier herauskomme? In unserer Stube ist es still geworden. Maria hat geheiratet, Ria im Herbst 1946 das

Lazarett verlassen und eine Stelle als Schwesternschülerin in einem Krankenhaus bei Braunschweig gefunden. Sie will versuchen, mich nachzuholen und mir die nötigen Papiere zu schicken. Unerwartet schnell treffen die ersehnten Unterlagen für mich ein. Schwesternschülerin zu werden ist zwar kein sehnlicher Wunsch von mir, aber dafür ist mein Wunsch, aus dem Lazarett herauszukommen, um so größer. Beim Abschied von Tamara und Elisabeth versprechen wir uns, in Verbindung zu bleiben. Mit Elisabeth hatte ich noch lange Kontakt. Von Tamara haben wir nie wieder gehört.

Meine Freundin Änne hatte bei Verwandten in Göppingen einen meiner Koffer untergestellt. Mein Fotoapparat ist aus dem Gepäck verschwunden. Im ersten Augenblick bin ich empört. Dann fällt mir das Weihnachtsfest 1940 in Paris ein. Damals wurden uns die Apparate als zurückgelassenes englisches Beutegut geschenkt. Ich verabschiede mich ohne Kommentar von den Menschen, die meinem Koffer Asyl gewährten.

Der überfüllte Zug nach Braunschweig wird an der Grenze zwischen amerikanischer und britischer Besatzungszone kontrolliert, wir haben einen längeren Aufenthalt. Auf dem Gleis gegenüber wartet ein Zug aus entgegengesetzter Richtung. An einem geöffneten Fenster steht ein schmaler, großer, junger Mann und kaut an einem trockenen Kanten Brot. Er sieht mich an und winkt. Es ist mein Vetter Bernd aus Berlin, der erste Verwandte, den ich nach dem Krieg wiedersehe. Freudiges Winken hin und her. Bei seinem Anblick fallen mir die Ohrfeigen unseres Großvaters ein, die Bernd als Junge von ihm bekam, weil er die Fasane, auf die er schießen sollte, nie traf. Das Schießen wird er inzwischen gelernt haben. Ich sehe auf den Kanten Brot in seiner Hand. Er mißversteht meinen Blick und will mir das Brot herüberwerfen. Ich schüttele erschrocken den Kopf.

Heimkehr

Das Krankenhaus für psychisch Kranke, in dem ich arbeiten soll, liegt in einem großzügigen Parkgelände. Angeschlossen ist ein Gartenbaubetrieb. Die Betten sind bis auf den letzten Platz belegt. Die vielen ausländischen Patienten sind wohl der Grund, warum das Haus mit Care-Paket-Spenden aus Amerika versorgt wird. In der Frauenabteilung, in der ich arbeite, sind etliche ehemalige »Fremdarbeiter« untergebracht, ukrainische und polnische Zwangsarbeiterinnen.

Ich habe ein Dach über dem Kopf, sogar ein eigenes Zimmer. Es geht mir weder gut noch schlecht. Die Schwester im Zimmer neben mir ist aus Ostpreußen geflohen. Sie erzählt mir von ihrem Baby, das auf der Flucht im Eisenbahnwaggon starb. Es lag noch Stunden tot in ihrem Arm, bis die Mitfahrenden sie zwangen, es aus dem Fenster zu werfen. Sie hat es getan. Ich höre ihr wieder und wieder zu. Eines Tages dann sehe ich die Schwester im Gespräch mit dem Krankenhausgärtner. Von nun an redet sie mit mir über ihn.

Mir wird schnell klar, daß die Arbeit mit seelisch Kranken, der Umgang mit dem Elend hilfloser, entwurzelter Menschen, mit Flüchtlingen, die ihr Schicksal nicht verkraften können, mich selbst krank machen wird. Kurz vor Weihnachten werde ich von Unruhe gepackt, ein Heimatgefühl treibt mich. Ich will meine Angehörigen wiedersehen und einen Besuch riskieren. Es drängt mich zu tun, was ich früher gerne tat: zu Hause auf dem See Schlittschuh laufen, das Bersten der Eisschichten unter den Füßen spüren, auf dem Weg zum See dem Wirt des alten märkischen Gasthauses, einem Freund meines Vaters, guten Tag sagen und das rollende märkische »rrr« aus seinem Munde hören. Seit über hundert Jahren ist der Dorfkrug im Besitz der Familie. In der nach Bier und Scheuersand riechenden Wirtsstube werde ich mich auf das abgeschabte Ledersofa setzen, auf dem Alexander mich damals mit zärtlichem Verlangen ansah. Zu meiner Heimat gehört die Erinnerung an Alexander, den Bären, der bis zu seinem letzten Atemzug ergeben für Adolf Hitler kämpfte.

Das Krankenhaus genehmigt einen Sonderurlaub. Im Morgennebel mache ich mich auf den Weg und laufe bei Oebisfelde über die Grenze in die russische Besatzungszone. Eine Einreisegenehmigung habe ich nicht. Das Wetter ist unfreundlich, die Nebelschwaden lassen keine weite Sicht zu. Auf der Karte kann ich mich schlecht orientieren und tapse, im fahlen Licht Ausschau haltend, in der Gegend herum. Plötzlich höre ich, nicht weit entfernt, eigentümlich staksende Geräusche, die sich nähern. Ich bleibe stehen, lausche, blicke mich um. Als ich schon weitergehen will, taucht auf Krücken, in einer umgearbeiteten deutschen Soldatenuniform, ein junger Mann auf. Er ist genauso erschrocken wie ich. Wir verständigen uns leise und gehen flüsternd ein Stück des Weges in den Nebel hinein. Die Krücken staksen laut. Schon wähnen wir uns in Sicherheit, als es heißt: »Stoi!« Ein russischer Soldat steht vor uns. Mit dem Gewehr im Anschlag schiebt er uns vor sich her. Zu dem Mann neben mir sagt der Russe mit geringschätziger Handbewegung: »Du gehn!« Er geht. Ich stehe allein dem Russen gegenüber. Blitzschnell überlege ich: Im Rucksack habe ich eine Flasche Schnaps. Vielleicht nimmt er sie und läßt mich laufen? Da dreht sich der Mann mit den Krücken wieder um, kommt zurück und sagt mit fester Stimme: »Aber meine Frau muß mit mir gehen!« Der Russe mustert mich und erklärt schließlich: »Du auch gehen.« Ich mache mich eilig davon. Der Geistesgegenwart des jungen Mannes habe ich es zu verdanken, daß mir nichts geschehen ist – die geringste Strafe für das Schwarzüber-die-Grenze-Gehen wäre das Festhalten für einen Tag zum Kartoffelschälen in einer russischen Kaserne gewesen.

Mein Dank soll sich nicht auf Worte beschränken. Als wir außer Reichweite des Postens sind, flüstere ich: »Auf den Schreck trinken wir erst einmal einen Schluck.« Als wir uns voneinander verabschieden, um in getrennte Richtungen weiterzumarschieren, bin ich erstaunt, wie fest er meine Hand drückt.

Der Bahnhof in Magdeburg ist von Menschen überfüllt. Alle wollen zugleich in den einfahrenden Zug. Ich stehe in der hintersten Reihe. Da komme ich nie hinein, denke ich. Doch die Menge schiebt mich mit, und ich ergattere sogar einen Sitzplatz. Diejenigen, die kein Gepäck mit sich schleppen, sind beim Hineinstolpern im Vorteil. Als sich der übervolle Zug langsam in Bewegung setzt, stellen sich die, die keinen Platz finden konnten, zum Mitfahren auf die Trittbretter. Es ist bitterkalt.

Mit Verspätung treffen wir in Berlin ein. Zwischen Ruinen, Trümmerhaufen, Schuttbergen hasten die Menschen durch die Straßen. Seit anderthalb Jahren ist der Krieg zu Ende. Verzweiflung drückt mich nieder beim Anblick dieser Stadt. Ein unbeschreiblich vernichtendes Gefühl überfällt mich. Damals, vor sechs Jahren, habe ich versucht, aus meiner engen, kleinen Welt auszubrechen, und wollte mir eine andere erobern. Dem Optimismus folgte die Ernüchterung, der Ahnungslosigkeit das Wissen. Der Angst das Grauen. Mein Kopf ist voller Fragen, auf die ich keine Antwort weiß.

Es ist der Tag vor Heiligabend. Daheim ahnt niemand, daß ich komme. Ich fahre mit der S-Bahn nach Wannsee hinaus, will nach Stahnsdorf. Eine weitere Verbindung aber gibt es nicht, so muß ich die letzte Strecke zu Fuß laufen. Immer eine quergelegte Bohle überspringend, haste ich über die stillgelegten Gleise. Das Wetter ist grau verhangen, ein wenig hat es geschneit. Es wird dunkel. Ich beeile mich, vorwärts zu kommen. Meine Gedanken wandern in unser märkisches Dorf. Ich sehe das altersgebeugte, langgestreckte Güterfelder Pfarrhaus vor mir und Rosemie, die Tochter des Pfarrers. Ich sehe uns in den vergilbten Seiten der Ortschronik blättern. Die Aufzeichnungen der Vorgänger ihres Vaters berichteten von der Geschichte des Dorfes. In ihm wurde keine Weltgeschichte geschrieben, doch sie ist bis in die jüngste Zeit über das Dorf hinweggerollt. In den Aufzeichnungen eines Chronisten hieß es, daß die Dorfbewohner während des Dreißigjährigen Krieges bis auf wenige Ausnahmen umkamen. Aus dem Siebenjährigen Krieg bekundete ein Pfarrer, daß Kosaken und Österreicher die Kirche mit Äxten aufbrachen. Neun Tage hielt er den Plünderungen und Überfällen stand. Dann lief er in der nächtlichen Finsternis, die Kirchenbücher unter dem Arm, durch den Wald nach Potsdam. Nicht weit, in Großbeeren, kam es am 23. August 1813 zur Schlacht. Schinckels Denkmal erinnert an den Sieg der Preußen über die Napoleonische Armee. In Großbeeren rannten meine gefallenen Vettern mit mir um die Wette den Aussichtsturm hinauf. Von dort oben sahen wir fast bis nach Potsdam. Irgendwo dahinten lag unsere Zukunft. Nur konnten wir sie nicht erkennen.

Es ist finster geworden, als ich das Dorf erreiche. Ich suche die neue Bleibe meines Vaters, bleibe vor der Tür stehen, warte. Dann klingele ich. Mein Vater öffnet. Er sieht seine Tochter nach zwei Jahren wieder. »Es ist gut«, sagt er, »daß du wieder da bist!« Aus seiner Stimme klingt Freude. In dem Zimmer, in das ich trete, ist es nicht geräumig wie früher in unserem Haus, als zum Geburtstag des Vaters 20 Personen am Eßzimmertisch Platz fanden. Auf dem Schrank liegen – auf Tannenzweigen hübsch geordnet – blankgeputzte, rote Äpfel. Eine kleine Kiefer steht bereit und wartet darauf, geschmückt zu werden. »Ich habe sie gerade geschlagen«, sagt mein Vater. Das ist vertraut und fremd zugleich. Ich bin angekommen, aber nicht zu Hause. Ich sehe, wie zusammengesunken mein Vater vor mir steht. Zwei Weltkriege hat er überlebt. Sie haben Spuren in seinem Gesicht hinterlassen.

Im Oberkiefer fehlen die Vorderzähne. Als er meinem Blick begegnet, sagt er: »Die hat mir ein Russe ausgeschlagen, weil ich ihm mein Fahrrad nicht geben wollte.«

Auch Friede ist da, berichtet von ihrer abenteuerlichen Flucht. Unsere Toten sitzen als Schatten neben uns. Wir müssen lernen, mit ihnen zu leben. Die Wunden sind noch nicht verheilt. Nebenbei sagt mein Vater: »Für dich ist Post gekommen.« »Post für mich? Wer hat mir geschrieben?« Auf dem Tisch liegt ein an mich adressierter Brief. In dem Umschlag steckt eine in russischer Schrift gedruckte Karte aus schlechtem, harten Papier. »Carte postale du prisonnier de guerre« steht unter den kyrillischen Buchstaben. Sie trägt das Datum vom 14. November 1946, den deutschen Absender: Rotes Kreuz, Moskau, Postfach 97 und den Namen des »Leutnants aus Paris«. Ich halte den Brief fest in der Hand. Immer wieder lese ich seine Zeilen und kann es kaum fassen. Er hat Stalingrad überlebt und fragt, wie es mir geht, er würde sich freuen, wenn ich ihm schriebe. Ihm ginge es – soweit – gut. Wieder Staunen, Sprachlosigkeit, wie damals in Rowno, als ich unter unzähligen Schriftstücken das Schreiben mit seinem Namen, seinem vollständigen Truppenteil und seiner Unterschrift fand. Das Leben ist doch voller Wunder und besteht nicht nur aus Trauer und Tod.

Vier Jahre ist es her, seit sein letztes Lebenszeichen aus Stalingrad kam. Ich denke an die Zeit zurück. Das ahnungslose, 21jährige Mädchen von damals gibt es längst nicht mehr. Die Begegnung in der Pariser Oper! Was alles ist seitdem geschehen … Die Fröhlichkeit in unseren Gesprächen … kann ich je wieder richtig fröhlich werden? Wird er es können? Ich erinnere mich an seine Frage, ob ich mir vorstellen könnte, auch außerhalb Deutschlands zu leben. Unbekümmert hatte ich geantwortet: »Warum nicht?« Wird das Ende ein neuer Anfang sein? Sechs Jahre mußte ich warten bis zu seiner Heimkehr aus russischer Gefangenschaft. Wir haben gemeinsam einen neuen Anfang gewagt.

Nicht nur mein Leutnant kam damals zurück. Nach Adenauers Intervention in Moskau 1953 trafen die letzten deutschen Kriegsgefangenen im Heimkehrerlager Friedland ein. Ihre Namen wurden im Radio verlesen. Ich war damals in Göttingen, in der Nähe, und hörte durch puren Zufall einen Namen, den ich kannte – den des Hauptmanns, der in Poltawa dafür gesorgt hatte, daß ich nicht zurückgelassen wurde.

Am nächsten Morgen traf ich in Friedland ein. In dem großen Barackenlager, das für Flüchtlinge aus dem Osten und für heimkehrende Soldaten errichtet worden war, herrschte ein unbeschreibliches Durcheinander. Es wurde gelacht, geweint, Angehörige von Vermißten gingen mit Bildern und Suchanzeigen umher und fragten nach Männern, Söhnen, Brüdern, Verlobten. Um einen Mann scharten sich Verwandte und Freunde, vor Freude bildeten sie einen Kreis und tanzten um ihn herum. Er stand verlegen in ihrer Mitte. Vom Bahnhof trafen neue Busse mit Heimkehrern ein. »Woher kommt ihr?« Sie kamen aus einem Lager am Eismeer.

Dann stand der Hauptmann vor mir. Zehn Jahre hatten wir uns nicht mehr gesehen. Äußerlich hatte er sich wenig verändert, nur schien er mir damals größer gewesen zu sein. Wir gingen aufeinander zu und umarmten uns. Das sah ein Reporter und fragte uns nach unserer Geschichte. Ich antwortete: »Wir haben keine.« Das stimmte zwar und stimmte doch nicht. Unsere Geschichte war der Krieg. Er hat unser Leben geprägt bis heute.

Nachsatz

Es hat mehr als zwanzig Jahre gedauert, bis ich begonnen habe, dieses Buch zu schreiben. Meine Erinnerungen suchten mich während jener Zeit immer wieder heim, vor allem wenn Freunde und Bekannte über den Krieg und über die Toten dieses Krieges sprachen. Ich schwieg dann, doch mein Schweigen half mir nicht, zu vergessen. Die Erlebnisse drängten sich mir in unterschiedlichster Gestalt wieder auf, sie kamen als Alp oder als schöner Traum. Einmal, während einer Reise nach Petersburg, erinnerte ich mich so intensiv an meinen Jugendfreund Alexander, daß ich ihn immer in meiner Nähe spürte. Alexander starb vor den Toren Petersburgs, doch bei meinen Spaziergängen durch diese wunderbare Stadt war mir, als zeigte er mir die schönsten Plätze seiner Geburtsstadt, die Newa, die gewaltige Kuppel der Isaakskathedrale. Vielleicht habe ich auf diese Weise nachgelebt, was ich so lange erträumte. Später wurde mir plötzlich klar, daß Alexander vielleicht der einzige Mann war, der mich wirklich geliebt hat.

In Verona, der Stadt, in der ich Henner zum letzten Mal vor seinem Tod begegnete, bin ich nach dem Krieg noch einmal gewesen. Ich wollte zum Friedhof fahren, auf dem er begraben liegt, doch ich konnte es nicht. Auch in Belgrad bin ich noch einmal gewesen, um die Straßen und Plätze wiederzusehen, durch die wir gingen, die Terrasse, auf der wir saßen. Doch als ich den Bus besteigen wollte, verließ mich all meine Kraft. Ich fühlte, wie die Erinnerungen und der Schmerz über mir zusammenschlugen. Meine Angst, noch einmal diesen Verlust zu durchleiden, war zu stark. Alexander war eine Jugendromanze. Nicht mehr und nicht weniger. Henner habe ich geliebt.

Bis heute lösen alltägliche Dinge starke Erinnerungsschübe bei mir aus. Als ich vor kurzem eine Arztpraxis besuchte, in der ein Ventilator installiert war, überfiel mich plötzlich eine furchtbare, unbestimmte Angst. Ich wußte mir nicht zu helfen, bis schlagartig die Zeit in Belgrad als glasklares Bild vor meinen Augen stand. Wegen der unerträglichen Hitze des Belgrader Sommers liefen in allen Räumen Ventilatoren, der ständige Zug verursachte mir häufig starke Halsschmerzen.

Es ist die Unbestimmtheit der Angst, die mir in all den Jahren des Schweigens die größte Qual bereitet hat. Ich verdanke es Ingeborg Drewitz, daß ich den diffusen Gefühlsverstrickungen von Scham und Furcht einen Namen geben konnte. Sie bedrängte mich immer wieder: »Schreib es auf!« Also begann ich zu schreiben und lernte dabei zu sprechen.

Viel hat sich seitdem verändert. Zuerst schrieb ich die Erlebnisse in der Ukraine auf. Damals erlebte ich den Krieg, die Erschießungen, das Elend der Menschen, die hungernden und frierenden Kinder zum zweiten Mal. Wer bin ich, was hätte ich tun müssen, warum habe ich nichts getan? Diese Fragen ließen mich nicht mehr los. Vom ersten Moment des Schreibens an stellten sich starke psychosomatische Symptome ein: Übelkeit, Erbrechen, Angstzustände und Schlaflosigkeit. Ich benötigte oft wochenlange Pausen, um mich zu erholen, dann wieder fielen mir die passenden Worte wie von selbst zu. Mein Sohn half mir beim Abtippen; es kostete mich große Überwindung, mit ihm über meine Liebesbeziehungen zu sprechen. Die mir anerzogene Scham bildete eine schier unüberwindbare Barriere. Seit er diesen Bericht kennt, haben wir ein neues, vielleicht partnerschaftlicheres Verhältnis zueinander. Darüber bin ich sehr froh und möchte ihm und Silvia Stork, die mir ebenfalls während des Schreibens viel geholfen hat, danken. Nicht zuletzt danke ich Herrn Pfarrer Jürgen Willms von der Kaiser-Friedrich-Gedächtnis-Kirche in Berlin für seine Geduld und Anteilnahme an meinem Schicksal.

Ich gestehe, daß ich anfangs nicht wußte, worauf ich mich mit der Arbeit an diesem Buch einlassen würde. Und ich weiß auch nicht, ob ich den Mut dazu gehabt hätte, wenn es mir klar gewesen wäre. Immer wieder resignierte ich und glaubte, aufgeben zu müssen. Ingeborg Drewitz antwortete mir dann: »Durch diese dunkle Zeit müssen Sie noch einmal gehen.« Sie hatte recht. Als ich am 60. Jahrestag der Pogromnacht aus meinem Fenster den Schweigemarsch zum Gedenken an die Schoah sah und wieder die klappernden Blechgeschirre der Rownoer Juden hörte, wurde mir klar, daß dieser Weg kein Ende hat. Ich glaube, daß es mir gelungen ist, viele der Zwänge abzustreifen, die mich all die Jahre schweigen ließen. Das einzige, was ich mir nun nicht mehr vorwerfen muß, ist, geschwiegen zu haben.

Gaby Zipfel

»Die Welt ist so schön, und wir zerstören sie«

Eines der beeindruckenden Fotos von Lee Miller aus dem Jahr 1945 zeigt im Vordergrund eine junge Frau im Dirndlkleid, die mit anderen Deutschen von einem schwarzen Besatzungssoldaten durch das Konzentrationslager Buchenwald geführt wird. Das Gesicht dieser Frau spiegelt den Mangel an Unrechtsbewußtsein, die Ungebrochenheit rassistischer Grundüberzeugung, auch angesichts der Situation, die die Fotografierte in diesem Moment durchlebt.

Diese Ungebrochenheit ist nicht die Regel, wäre sie es, dann wäre der Versuch sinnlos, gemeinsam mit Zeitzeugen und Zeitzeuginnen herausfinden zu wollen, was dazu geführt hat, daß Menschen sich im Nationalsozialismus so verhalten haben, wie sie es getan haben. Er bleibt schwierig genug.

»Das Höchste, was man erreichen kann, ist, zu wissen und auszuhalten, daß es so und nicht anders gewesen ist, und dann zu sehen und abzuwarten, was sich daraus ergibt.« (Hannah Arendt)

Wie schwierig es ist, wirklich wissen zu wollen, wie es gewesen ist, und dieses Wissen auszuhalten, zeigt sich auch und gerade an der Zurückhaltung gegenüber der Frage, wie sich Frauen im und zum Nationalsozialismus und seinen Verbrechen verhalten haben.

Legendenbildungen sind abzutragen, tröstliche Mythen aufzugeben, um Frauen in diesem Kontext als *Akteurinnen* wahrnehmen zu können.

Raul Hilberg konstatiert: »Wo immer man den Trennungsstrich der aktiven Teilnahme zu ziehen gedenkt, stets stellt die Vernichtungsmaschinerie einen bemerkenswerten Querschnitt der deutschen Bevölkerung dar. Jeder Berufsstand, jeder Ausbildungsgrad und jeder soziale Status war vertreten« (Raul Hilberg, 1990). Es ist anzunehmen, er würde auf Nachfrage betonen, bei seinem Täter-Szenario habe er Frauen mitgedacht. Dem ist entgegenzuhalten, daß in der Regel aktive Teilnahme, ob unbewußt oder bewußt, Männern zugeordnet wird, der Trennstrich verläuft also zwischen den Geschlechtern. Wo Frauen nicht erwähnt werden, werden sie auch nicht als handelnde, beteiligte Subjekte gedacht.

Krieg und Männlichkeit scheinen nach wie vor Begriffe zu sein, die ineinander aufgehen. Frauen gelten als Opfer männlicher Kriege, als Nutznießerinnen (die Marketenderin, die Empfängerin von Kriegsbeute, die indirekte Teilhaberin an eroberter Macht) oder als Samariterin (Krankenschwestern, Sanitäterinnen), als Mütter, die die Krieger gebären und dann opfern (Käthe Kollwitz), als Geliebte, Ehefrauen, Schwestern, die dem tapferen Krieger durch ihre Treue den Rücken stärken, als Kriegsgegnerinnen, die den Krieg der Männer mit weiblicher List zu vereiteln suchen wie Aristophanes' Lysistrata – so das vertraute und liebgewordene Szenario. Ein Szenario, das sich harmonisch einfügt in die Vorstellung, die Nationalsozialisten hätten einen ganz normalen Krieg geführt. Die eigentlichen Opfer dieses Vernichtungskrieges, geführt von Männern *und* Frauen, bleiben in Erinnerungen graue Schatten, quälende Gespenster, mit deren Hilfe sich Täter in Opfer umzudeuten versuchen.

Auch bei diesem Thema entscheidet der Blickwinkel der zu einem bestimmten Zeitpunkt Fragenden darüber, wonach gefragt wird und wonach eben nicht. Die Auslassungen und das Schweigen sind selbst beredt.

Als Wehrmachtshelferin spielte die Frau eine bisher kaum wahrgenommene Rolle, die am Ende auch einen Einsatz mit der Waffe nicht mehr ausschloß.

Die Erfahrungen und Erlebnisse von 500000 weiblichen Angehörigen der Wehrmacht im aktiven Kriegsgeschehen blieben jedoch bislang seltsam verborgen: In der alltäglichen Erinnerung sind Kriegserlebnisse der Väter und Söhne, wenn auch mit den bekannten Ausblendungen und Verzerrungen, gegenwärtig; die der Frauen scheinen kaum der Rede wert.

Ähnliches gilt für die bisher noch spärliche historische Aufarbeitung, die, wo sie denn unternommen wurde, den Fraueneinsatz lediglich der Vollständigkeit halber erwähnt. So erklärt Ursula von Gersdorff in ihrer 1969 erstellten Studie »Frauen im Kriegsdienst 1914–1945«:

»Der Auftrag zu dieser Untersuchung des Kriegsdienstes deutscher Frauen ergab sich aus der Aufgabe des Militärgeschichtlichen Forschungsamtes selbst, den Zweiten Weltkrieg in seiner Totalität darzustellen [...] Dabei sollte der Kriegsdienst der Frau nicht als ein neues selbständiges Element in die Militärgeschichte eingeführt, sondern zunächst vor allem eine diesbezogene Lücke in der Geschichtsschreibung beider Kriege bewußt gemacht werden.« (Ebenda, S. 12)

1978 bestätigt eine weitere militärgeschichtliche Studie, erstellt von Franz W. Seidler, daß 500000 Wehrmachtshelferinnen im Einsatz waren.

Er schlußfolgert: »[Es] handelt [...] sich bei diesem Vorgang um einen emanzipatorischen Schritt zur vollen Gleichberechtigung« (ebenda, S. 11) und wirft dabei beiläufig eine Frage auf, die es wert ist, genauer erforscht zu werden: Inwieweit haben Frauen, bewußt oder unbewußt, die Identitätsangebote des Nationalsozialismus als emanzipatorisch, innovativ, ja befreiend empfunden, und wie und an welchen Orten haben sie die ihnen angebotenen Spielräume genutzt?

Ganz normale Frauen und Männer

Jeder und jede weiß um die Selbstverständlichkeit, die dennoch in historischen und soziologischen Analysen so umstandslos übersehen werden kann: »Die Situation, in der Männer von Frauen unbeeinflußt hätten agieren können, hat es zu keiner Zeit und an keinem Ort gegeben.« (Karin Windaus-Walser, 1988)

In der derzeit heftig geführten Auseinandersetzung um die Rede von der »sauberen Wehrmacht« geht es um Verbrechen, die »ganz normale Männer« als Wehrmachtsangehörige begingen.

Die Imagination vom ganz normalen Mann meint den Ehemann, Vater, den Bruder, Geliebten, nicht den ideologisierten Fanatiker, nicht Rambo und nicht Jesus. Die »Legende von der sauberen Wehrmacht« lebt von diesem Männerbild, von der Vorstellung, daß der Soldat hinaus mußte ins feindliche Leben, um die Daheimgebliebenen zu schützen. Wehrmachtssoldaten (auch hier noch einmal: *nicht* alle) zogen jedoch in einen Vernichtungs- und nicht in einen Verteidigungskrieg. Für ihre Frauen sind sie dabei offenbar »ganz normale Männer« geblieben. Die Legende, »ganz normale Männer« seien zu den begangenen Verbrechen nicht fähig gewesen, kann sich nur halten, solange Frauen an ihr mitarbeiten. Feldpostbriefe, deren Adressaten, so ist anzunehmen, vor allem Mütter, Ehefrauen, Schwestern an der »Heimatfront« waren, verweisen, wenn auch indirekt, darauf, daß sie eben dieses taten: »Morgens muß die Bagage antreten und einstimmig im Chor den Morgenspruch aufsagen: ›Wir haben keine Ahnung von Deutschlands Macht und Stärke!‹ Ganz ordentlich, nicht wahr? Wir werden die Bande schon zur Zucht erziehen. Was die Bevölkerung vor uns für einen Respekt hat, ist unheimlich. Im übrigen sind wir bei allen sehr angesehen und beliebt. Ob Deutsche, Ungarn, Serben oder Rumänen …« (Exponat in der Ausstellung des Hamburger Instituts für Sozialforschung *Vernichtungskrieg. Verbrechen der Wehrmacht 1941 bis 1945*)

Dieser Briefausschnitt unterstellt als Übereinstimmung mit dem Adressaten:

Mit Untermenschen ist so zu verfahren. Wir sind die Herrenmenschen, die zu diesem Handeln berufen sind. Man zollt uns dafür Respekt. Frauen können stolz auf ihre Männer sein.

Einige der in der Ausstellung gezeigten Fotografien entstammen den Brieftaschen von Kriegsgefangenen. Diese Brieftaschen werden in Archiven der ehemaligen Sowjetunion aufbewahrt. Die Fotos sind freiwillig angefertigte Belege für begangene Verbrechen. Sie zeigen die Opfer als zu »Untermenschen« Stilisierte, die Täter als »Helden«. Bilder, verwahrt im Bündel mit Fotos von der geliebten Frau, aufgenommen, um sie ihr daheim zeigen zu können. Entsprechende Alben, auf Dachböden verstaubt, existieren bis heute und belegen die Kontinuität des Unrechtsbewußtseins, das sie ja dokumentieren. Herrenmenschen machen Frauen zu ihren Mitwisserinnen, lassen die Frauen teilhaben am Gefühl rassistischer Überlegenheit, dem sie, wie sie durchaus stolz belegen und beschreiben, nachdrücklich Geltung verschaffen. Sie verlassen sich offenbar auf das stillschweigende Einverständnis der Frauen, holen sich bei ihnen die Rückversicherung, als liebenswerte, aufopferungsbereite und tapfere Männer eine schwere, aber notwendige Pflicht ausgeübt zu haben.

Die Mitwisserin wird zur Komplizin rassistischer Vernichtungspolitik, sofern sie sich der angedienten Komplizenschaft nicht verweigert.

Zeugnisse einer Aufkündigung der Komplizenschaft gibt es kaum – wir wissen wenig darüber, wie sich Frauen tatsächlich zu den Informationen ihrer Männer verhalten haben, welche Konsequenzen sie zumindest privat aus ihnen gezogen haben mögen.

Überall dort, wo man sie hinließ

»Eine unermeßliche Weite von Arbeitsmöglichkeiten ist für die Frau da. Für uns ist sie zu allen Zeiten der treueste Arbeits- und Lebensgenosse des Mannes gewesen.« (Adolf Hitler, 1936)

Im Nationalsozialismus fand eine durchgreifende Vergesellschaftung des Reproduktionsbereichs, der Privatsphäre statt. Frauen wurden dabei nicht, wie lange behauptet, lediglich zu Gebärmaschinen degradiert. Daß Frauen Freiräume gewährt wurden und vielfältige, einander widersprechende Frauenbilder nebeneinander bestehen konnten, zeigen Literatur, Filme und Publikationen dieser Zeit. Die mondäne Konsumentin und der Vamp waren als Gegenentwürfe zum einseitig rigiden Bild einer arisch reinen, ungeschminkten Hausfrau und Mutter vieler Kinder, das den NS-Alltag nur zum Teil prägte, präsent. Darin zeigt sich die Fähigkeit des Nationalsozialismus, bis dahin gewachsene Frauenbilder in verwirrender Weise zu integrieren. Was Frauen dachten und wollten, war letztlich nur insoweit wichtig, wie es dem Zugriff auf ihre kriegerischen Ressourcen nicht im Weg stand.

Der Nationalsozialismus hatte das Paar der Herrenrasse im Auge, die Volksgemeinschaft als arbeitsteilig handelndes Ensemble von Männern und Frauen. Und Frauen unterbreitete er ein ganz besonderes Angebot. Plötzlich ist die nichtjüdische Frau jedem jüdischen Mann, die deutsche, nichtjüdische Frau jedem polnischen, jedem russischen Mann übergeordnet – sind bestimmte Männer weniger wertvoll als die nichtstigmatisierte Gruppe von Frauen. Frauen haben dieses rassistische Angebot angenommen, sind nach Polen und Rußland in die besetzten Gebiete gegangen, um dort zu arbeiten und zu siedeln und sich von der tradierten Position innerhalb der Geschlechtergesellschaft zu emanzipieren.

In ihrem Aufsatz »Ganz normale Frauen« sichtet Gisela

Bock (1997) deutsche Frauen quer durch die nationalsozialistische Gesellschaft und kommt zu dem Ergebnis, daß Frauen überall dort aktiv wurden, wo man sie hinließ, wenngleich sie nicht überall dabei waren und nicht die gleichen Machtchancen hatten wie Männer. Wir finden Frauen an höchst unterschiedlichen Orten und unterschiedlich weit entfernt von den Zentren der Macht, mal ganz unter sich, mal mit Männern zusammen, mal in der Minderheit, mal in der Mehrheit. Ihre Präsenz verbirgt sich jedoch hinter einem Habitus, der, unhinterfragt zum Klischee geronnen, immer noch bereitwillig akzeptiert wird: Der BDM war ein eher unpolitisches, emanzipatorisches Freizeitangebot; der Einsatz im Arbeitsdienst und in der Wehrmacht eröffnete die Möglichkeit, der heimischen Enge zu entgehen; die Aktivitäten der NS-Frauenschaft waren irgendwie sinnstiftend, SS-Frauen und »Nazissen« unangehme Figuren, denen man geschickt aus dem Weg zu gehen wußte.

Kriegerin an vielen Fronten

Der Nationalsozialismus hat im Alltagsbewußtsein die Aura, eine extrem männerbündisch organisierte Gesellschaft zu sein: So gilt die SS gilt als Männerbund schlechthin. Tatsächlich war der SS-Orden von Beginn an als *Sippengemeinschaft* von Männern und Frauen gedacht, die die arische Elite heranbilden und »lebensunwertes« Leben »ausmerzen« sollte.

1939 hatten 115650 SS-Ehefrauen das strikte Rassenprüfungsprocedere, das zu einer Heiratsgenehmigung notwendig war, akzeptiert und durchlaufen und bis 1945 10000 Frauen des SS-Helferinnen-Korps sich erfolgreich den strengen rassistischen Auswahlkriterien unterworfen. Wie viele Frauen sich ohne Erfolg darum bemüht haben, Mitglieder dieser Elite zu werden, wissen wir nicht.

SS-Ehefrauen lebten mit ihren Kindern und Männern an

deren Einsatzorten, in den SS-Siedlungen der Konzentrationslager. In unmittelbarer Nachbarschaft des Grauens schufen sie komfortable, gastfreundliche Familienidyllen. In Yad Vashem liegt das Gästebuch der Familie Höss, des Kommandanten von Auschwitz, aus, in dem nachzulesen ist, wie angenehm es sich dort leben ließ. Dazu mußten KZ-Häftlinge als Hauspersonal ebenso beitragen wie das den Ermordeten geraubte Hab und Gut. Als Dienstmädchen zwangsverpflichtete Polinnen, damals um die vierzehn Jahre alt, beschreiben den Alltag der Familien in den SS-Siedlungen: Normalität im Grauen. (Gudrun Schwarz, 1997)

Angehörige des SS-Helferinnen-Korps saßen in den Schreibstuben der Täter und protokollierten die Details der Vernichtungsaktionen.

Gleiches läßt sich für Wehrmachtshelferinnen vermuten.

Aus den Aufgaben, mit denen sie betraut waren, läßt sich schließen, daß viele der weiblichen Wehrmachtsangehörigen detaillierte Kenntnisse vom Frontgeschehen des Zweiten Weltkriegs und den dort verübten Verbrechen hatten.

»Solange wir ein gesundes männliches Geschlecht besitzen – und dafür werden wir Nationalsozialisten sorgen –, wird in Deutschland keine Handgranatenwerferinnen-Abteilung gebildet und kein weibliches Scharfschützenkorps. Denn das ist nicht Gleichberechtigung, sondern Minderberechtigung der Frau.«

»Die Frauen sollten so rasch wie möglich tadellos ausgebildet werden. Die Aufstellung des Frauenbataillons in Verbindung mit der Reichsfrauenführung. Bewährt sich dieses Frauenbataillon, sollen weitere aufgestellt werden. Der Führer verspricht sich insbesondere von der Aufstellung dieses Bataillons eine entsprechende Rückwirkung auf die Haltung der Männer!« (Martin Bormann, 1944)

Die bereits erwähnten militärgeschichtlichen Forschungen von Gersdorff und Siedler geben wenig Hinweise darauf, wie nahe weibliche Wehrmachtsangehörige dem Frontgeschehen waren. Die Beteiligung der Wehrmacht am Holocaust bleibt in diesen Untersuchungen ausgespart.

Der Einsatz von Frauen im »unmittelbaren Kriegsdienst« konnte auf die Praxis der Reichswehr zurückgreifen, die die im Versailler Vertrag festgelegte Beschränkung der personellen Stärke des Heeres durch die Besetzung aller nicht eindeutig militärischen Positionen mit zivilen Arbeitnehmern, vornehmlich Frauen, ausglich. Als Beamtinnen, Angestellte und Arbeiterinnen waren Frauen in Büros, Fernsprechvermittlungen, Registraturen und Lagern, aber auch als Flugmeldehelferinnen in den geheimen Flugwachkommandos der Reichswehr tätig.

Sie erwarben Qualifikationen, die sie als Stammpersonal in die Wehrmacht einbrachten, und verliehen der Arbeit in räumlicher und organisatorischer Nähe zur bewaffneten Macht den Gestus ziviler Normalität. Mit der Einführung des Wehrgesetzes vom 21. Mai 1935, in dem es heißt: »Im Krieg ist über die Wehrpflicht hinaus jeder deutsche Mann und jede deutsche Frau zur Dienstleistung für das Vaterland verpflichtet«, war eine Dienstleistungspflicht und Mobilmachung von Frauen möglich geworden.

Die Notdienstverordnung vom 15. Oktober 1938 und die Einführung einer Arbeitsdienstpflicht für Mädchen, vor Kriegsbeginn erlassen, dienten als gesetzliche Grundlagen für die zukünftige Einbeziehung der Frauen in die Wehrmacht. Vom ersten Kriegstag an leisteten Frauen Dienst im Verband der Streitkräfte, in dem sie als »Stammpersonal« bestätigt und als »Ergänzungspersonal« dienstverpflichtet wurden. Mit dem »Erlaß über den weiteren Kriegseinsatz des Reichsarbeitsdienstes für die weibliche Jugend« vom 29. Juni 1941 wurde der überwiegend landwirtschaftliche Einsatz der »Arbeitsmaiden« in den Kriegshilfsdienst der »Kriegshilfsdienstmaiden« in Dienststellen der Wehrmacht überführt.

Zum Teil trugen die Frauen Uniformen. Sie hatten jedoch nicht den Status weiblicher Soldaten, sondern – bis auf die letzten Kriegsmonate – den unbewaffneter »Nichtkombattanten der bewaffneten Macht« im Sinne der Haager Landkriegsordnung.

Die Rekrutierung von Wehrmachtshelferinnen erfolgte im Verlauf des Zweiten Weltkriegs in vier Phasen: Die Ausdehnung der besetzten Gebiete über halb Europa erhöhte den Personalbedarf erheblich. Aus Wehrmachtsdienststellen wurden Frauen ins Ausland abkommandiert und in den Büros der Wehrmacht, in Fernmeldezentralen, im Flugmeldedienst, im Luftschutzwarndienst und im Wetterdienst eingesetzt. Sie waren in Helferinnenkorps organisiert.

Infolge des verlustreichen Rußlandfeldzugs im Winter 1941/42 wurden im Nachrichtendienst und in den Schreibstuben der Wehrmachtsdienststellen Männer gegen Frauen ausgetauscht, die Männer wurden an die Front versetzt. Hitlers Proklamation vom 13. Januar 1943 forderte »zum umfassenden Einsatz von Männern und Frauen für die Reichsverteidigung« auf. Am 17. Juli 1943 entschied er, Frauen am Kommandogerät, an den Scheinwerfern und an den Luftabsperrmitteln der Flakabwehrabteilungen der Luftwaffe einzusetzen. Mitte 1944, Hitler hatte den totalen Krieg ausgerufen, ordnete er an, 100000 Mann aus den Luftwaffen-Felddivisionen abzuziehen und durch Frauen zu ersetzen – die Luftverteidigung oblag mit Ausnahme der Führungspositionen Frauen.

Unteroffiziere erteilten den zukünftigen Wehrmachtshelferinnen – Nachrichten-, Stabs-, Marine-, Luftwaffen-, Flak- und Flakwaffenhelferinnen – politischen und technischen Unterricht und wiesen sie in Heereskunde ein; vor ihrem Einsatz wurden sie »abwehrgeprüft«.

Als Nachrichtenhelferinnen waren sie in allen von der deutschen Wehrmacht besetzten Gebieten Europas eingesetzt, ab 1942 auch in Heereskommandos des Reichsgebiets; hier hatten sie Einblick in geheime Kommandosachen.

Stabshelferinnen arbeiteten als »Geschäftszimmerpersonal« bei höheren Kommandostellen (OKH, Heeresgruppen, AOK) im In- und Ausland, bei den »Abwehrstellen« und »Auslandsbriefprüfstellen«, die von der Ukraine über Prag bis nach Paris in nahezu allen Teilen Europas verteilt waren.

Ab Januar 1945 übernahmen Frauen den Einsatz von Scheinwerferbatterien. Zu diesem Zeitpunkt waren 30000 Frauen im Luftwaffeneinsatz mit direkten militärischen Aufgaben betraut. Ein großer Teil von ihnen hatte sich im Rahmen der Notdienstverpflichtung freiwillig zu diesen Einsätzen gemeldet.

Hitlers Erlaß über den totalen Kriegseinsatz vom 25. Juli 1944 führte zu einem Wehrersatzprogramm, das alle kriegsverwendungsfähigen Soldaten freistellen und deren Posten mit Frauen besetzen sollte. Im Frühjahr 1945 verwarf er bisher noch bestehende Skrupel gegen einen militärischen Einsatz von Frauen: »Ob Männer oder Frauen, ist ganz wurscht: Eingesetzt muß alles werden« (zitiert nach v. Gersdorff, S. 72). Beschlossen wurde die Bildung eines Frauenbataillons, des »Wehrmachtshelferinnenkorps«, das militärisch dem Oberkommando des Heeres, politisch der Reichsfrauen- und Reichsjugendführung der NSDAP unterstellt sein sollte.

Am Ende des Kriegs war die vormals so oft beschworene Schreckensvision vom »Flintenweib« der Politik des totalen Einsatzes aller Kräfte gewichen.

Was für die Wehrmachtsangehörigen bisher nur vermutet werden konnte, läßt sich mit Gewißheit für die Frauen sagen, die als Funkerinnen, Nachrichtenhelferinen, Telefonistinnen und Schreibkräfte beim Reichssicherheitsdienst im besetzten Osteuropa tätig waren.

In ihrem unmittelbaren Umfeld wurden Juden vernichtet. (Hannes Heer)

Aussagen von Zeuginnen in staatsanwaltlichen Ermittlungen geben einen Hinweis auf die Haltung von Frauen zu Vernichtungsaktionen. Die befragten Frauen waren als

Schreiberinnen und Protokollantinnen zwischen 1942 und 1944 bei der Dienststelle Minsk eingesetzt. Das Ghetto lag in ihrem Arbeitsbereich. Sie hatten Kontakt mit Juden, die zu Arbeiten bei der Dienststelle herangezogen wurden. Als Sekretärinnen tippten sie geheime, für das Reichssicherheitshauptamt (RSHA) bestimmte Exekutionsberichte und die Einsatzbefehle zu den Massakern.

In ihren Berichten finden sich keine Anklagen gegen die von den Männern verübten Verbrechen. Sofern von ihnen die Rede ist, wollen die Zeuginnen eher nur gerüchteweise Kenntnis gehabt haben, und Täter werden in ihren Schilderungen zur pathologischen Ausnahme: »Man erzählte sich von ihm, daß er nachts mit einem kleinen Revolver durch Minsk ins Ghetto laufen würde« (ebenda) oder zum dennoch gutmütigen Trottel: »Von ihm habe ich in Erinnerung, daß er ein schiefes Gesicht hatte. Ich meine, er war gutmütig und naiv« (ebenda). Oder die Zeugin übernahm es, den Täter zu trösten, nachdem er seine »Pflicht« erfüllt hatte: »Wenn ich dann die beiden am Abend aufsuchte, erklärten sie mir, daß während des Tages wieder Judenerschießungen stattgefunden hätten. Sie hätten daran teilnehmen müssen. [...] Ich hatte immer den Eindruck, daß sie nach derartigen Vorkommnissen froh waren, wenn ich ihnen Gesellschaft leistete. Es kam auch vor, daß sie mich anriefen und zu sich baten, wenn Aktionen stattgefunden hatten« (ebenda). Offenbar war diese Frau stolz auf diese Rolle und ließ es dabei bewenden: »Aus diesen Gesprächen habe ich Einzelheiten nicht gehört. Ich wollte bewußt diese Sachen auch nicht hören, sondern war bestrebt, G. und von der G. von ihren Gedanken zu befreien, indem ich zum Trinken aufforderte und mich selbst lustig gab.« (Ebenda)

Die Zeuginnen verweisen in ihren Aussagen darauf, daß Liebesverhältnisse zwischen den Dienststellenangehörigen die Regel waren. Sie können sich mehrheitlich nicht an »Einzelheiten« erinnern. Das Ghetto lernten sie bei »Spaziergängen« mit den Geliebten kennen, ohne begriffen haben zu wollen, was in ihm eigentlich vorging. Sie nahmen

Dienstleistungen von Juden in Anspruch, bedienten sich aus deren »Hinterlassenschaft« – Pelzmäntel, Schmuck, Einrichtungsgegenstände –, ohne zu wissen, wie es zu dieser »Hinterlassenschaft« gekommen war. Sie erinnern sich gern an diese Zeit, die sie auf Fotos festgehalten haben, berichten von Kontakten, die auch nach dem Krieg weiterbestanden, verlieren sich in Erinnerungen an eine Idylle mitten im Vernichtungsgeschehen: »Auf diesem Gut waren in Baracken Juden tätig. Ich erinnere mich an Männer und Frauen. Kinder habe ich nicht gesehen. Die Juden arbeiteten dort. Auf dem Gut standen uns Pferde zum Reiten zur Verfügung. Ein kleiner See befand sich in der Nähe des Wohnhauses. Kähne waren da.« (Ebenda)

In den Vernehmungsprotokollen ist ein einziger Versuch zu finden, sich dem dort Erlebten zu entziehen. Eine Zeugin nimmt einen Heimaturlaub zum Anlaß, sich ein ärztliches Attest zu beschaffen: »Der Grund für mein Bemühen, aus Minsk wegzukommen, war, daß ich die ganzen Geschichten dort nicht mehr sehen wollte.« (Ebenda)

10 Prozent des KZ-Personals, so wird geschätzt, war weiblich. Ein erheblicher Anteil, wenn man bedenkt, daß Frauen nicht auf Wachtürmen standen und nicht in der Administration arbeiteten, sondern Aufseherinnen waren.

SS-Ärztinnen und Krankenschwestern waren an Menschenversuchen beteiligt. Zu traurigem Ruhm brachte es die einzige in Nürnberg angeklagte Frau, die Ärztin Hertha Oberheuser.

Auch die Geheime Staatspolizei war kein Inbegriff nationalsozialistischer Männerherrschaft. Ihre Arbeit wäre ohne die Unterstützung von weiblichen Angestellten, insbesondere während des Krieges, nicht möglich gewesen. Zu den exklusiven Aufgaben dieser Frauen gehörte es, zur Deportation bestimmte Jüdinnen zu durchsuchen. (Ursula Nienhaus, 1995)

Den Zugang zur Kriminalpolizei hatte sich die Frauenbewegung in den zwanziger Jahren erstritten, um gegen die frauenfeindliche Sittenpolizei agieren zu können. Mit der judenfeindlichen Gestapo arbeiteten sie wie folgt zusammen:

»Unsere Aufgabe war uns von der Gestapo genau vorgeschrieben. Die Judenfrauen mußten sich völlig entkleiden. Dann wurden die abgelegten Kleider nach Schmuck, Geld, Medikamenten, Füllhaltern, Waffen und sonstigen Wertgegenständen durchsucht. Die abgenommenen Sachen wurden an einen Gestapobeamten abgeliefert, was damit geschehen ist, weiß ich nicht.« (Ebenda)

Kripobeamtinnen leiteten die sogenannten »Jugendschutzlager« wie das Mädchenlager in Uckermark bei Ravensbrück. Von hier aus überstellten sie Jugendliche in Konzentrationslager und in die zu Mordanstalten mutierten ehemaligen Heil- und Pflegeanstalten.

Auch am – wie Hannah Arendt ihn genannt hat – »Verwaltungsmord« waren Frauen beteiligt: Ihre Präsenz im öffentlichen Dienst stieg zwischen 1925 und 1939 um 68 Prozent und im Verlauf des Kriegs weiter dramatisch an. (Ursula Nienhaus, 1990)

Im Gesundheits- und Wohlfahrtswesen sorgten Fürsorgerinnen für die reibungslose Organisation der »erbbiologischen Erfassung« der Bevölkerung, deren Ziel die Vernichtung »unwerten Lebens«, durchgeführt von Ärztinnen und Krankenschwestern, war. (Angelika Ebbinghaus, 1987)

Als »brave Mütter des Regimes« wurden Fürsorgerinnen zu Krisenmanagerinnen gegen Gefährdungen an der »inneren Front«, ausgelöst durch kritische Positionen zum Krieg. Unmittelbar einbezogen in das Familienleben »sozial Auffälliger«, erstellten sie »Stimmungsberichte«, die eine Stimmungskontrolle möglich machten. (Ebenda)

Ehefrauen, Mütter, Schwestern und Nachbarinnen waren auch, aber nicht ausschließlich Mitwisserinnen und verbargen ihr Wissen zum Schutz der Männer in der Intimität des Privaten, entzogen es der öffentlichen Auseinandersetzung – das gesellschaftliche Selbstverständnis konnte vom Wissen um Taten unberührt bleiben.

Der männliche Blick auf die weibliche Täterin

»Die Mythen und Bilder überziehen die Geschichte wie ein dickes Leichentuch, welches die Wünsche und Ängste der Männer gewoben haben.« (Michelle Perrot, 1994)

Sosehr die Präsenz der Frauen in der Vernichtungsmaschinerie in der öffentlichen Rede ignoriert wird, so stark drückt sich weibliche Allgegenwärtigkeit in männlichen Klischees und Phantasien aus. Die sind von dem Bemühen geprägt, das weibliche Geschlecht zu neutralisieren, zu dämonisieren oder zu verharmlosen. Männliche Phantasien beschreiben die Partizipation der Frauen als Ausnahme, Abweichung von der Norm.

Aber das blitzsaubere Blitzmädel ist eben nicht die geschlechtsneutrale Kameradin des tapferen Soldaten gewesen. Die Fanatikerin, vom Mann fanatischer, als je ein Mann fanatisch sein könnte, imaginiert, ist Sinnbild männlicher Angst vor dem, was passieren könnte, wenn einer Frau eine Idee mehr Emphase entlockt als das Ausleben ihrer Geschlechterrolle. Das Flintenweib auf der feindlichen Seite ist der personifizierte Angriff auf die soldatische Männlichkeit. Eine andere Variante bindet unterstellte negative Geschlechtereigenschaften an weibliche Täterschaft: Die geschwätzige, undisziplinierte Denunziantin soll die Zuarbeiterin der Gestapo gewesen sein, die sentimentale, unpolitische Wählerin Hitler an die Macht gebracht haben.

Eine Interpretation des Schweigens »... über die [tatsächliche, G. Z.] Position von Frauen in Kriegen« bietet Ruth Seifert an:

Das Schweigen »macht insofern Sinn, als das Offenlegen der Beteiligung von Frauen am Krieg, aber auch ihres Schicksales im Krieg, zweierlei bewirken würde: Einerseits würden auch bei quantitativ weit geringerer Beteiligung Frauen damit im Handlungskontext Krieg ›öffentlich‹ werden und den Mythos der Männlichkeit des Krieges stören; und andererseits würde ihr Schicksal als Kriegsopfer und weibliche Kriegsbeute der Sieger den Legitimationsmythos von der Beschützerfunktion der Männer erodieren.«

Nicht nur im »Handlungskontext Krieg« ist es bedrohlich, wenn die Beteiligung von Frauen öffentlich wird. Das Schweigen über das reale Handeln von Frauen zu brechen würde bedeuten, das Ausmaß alltäglicher Beteiligung der Gesellschaft als Ganzes in all ihren Räumen wahrnehmen zu müssen. Keine Nischen der Unschuld blieben zurück. Übrig und ausgenommen blieben die erwiesenermaßen wenigen Widerständigen und natürlich die Opfer, eben die Andersartigen.

Ein ganzes Entschuldungsgebäude, in dem sich Frauen wie Männer heimelig eingerichtet haben, bricht zusammen, wenn die Fiktion der weiblichen Ausnahme ersetzt wird durch den Blick auf die in der Regel überall und selbstverständlich handelnde Frau. Dann würde nicht nur ihr der kalte Wind Verantwortung entgegenblasen.

Schillers Lied der Glocke

Die Botschaft dieser Ballade schützt bis heute erfolgreich vor Desillusionierungen: »Der Mann muß hinaus ins feindliche Leben, muß wirken und streben [...] Und drinnen waltet die züchtige Hausfrau, die Mutter der Kinder [...]«

Bereits von Schillers Zeitgenossin Caroline von Schlegel belächelt, beschrieb seine Verortung der Geschlechter dennoch ein Anliegen, das möglichweise bis heute, sicher jedoch im System des Nationalsozialismus fortbesteht:

»Das im 19. Jahrhundert wuchernde und trotz seiner Redundanz gleichbleibend beliebte Räsonnieren über das Wesen und die Verhältnisse des weiblichen Geschlechts bot eine immer wieder dankbar genutzte Möglichkeit, sich der unsicher gewordenen Ordnung der Geschlechterverhältnisse kollektiv und individuell zu vergewissern. Die allgemeine Besorgnis und Verunsicherung ob der bis zur ›Keimzelle‹ Familie reichenden Veränderungen des Gesellschaftsgefüges ließ sich hier beredt zum Ausdruck bringen. [...] Das Nachsinnen über das Wesen und die Verhältnisse der Frau bewährte sich offensichtlich auch als Projektionsfläche, um zumindest indirekt – und damit für die heldisch konzipierte männliche Identität weniger gefährlich – über männliche Unsicherheiten und Ängste zu sprechen, die durch die Zumutung, ein ganzer Mann sein zu müssen, ausgelöst wurden.« (Karin Hausen, 1994)

Der Mann bewahrt sich den Zugang auf das, was er auf seinem Weg zum »ganzen Mann« bei sich abspalten muß, über die von ihm definierte und zugerichtete Frau. Sie bewahrt ihm einen Raum der Unschuld, Geschichtslosigkeit, einen Ort der Ruhe, Entlastung und Entschuldung.

Im Konstrukt der bürgerlichen Familie, der »Geburtsstätte des zivilisierten Menschen«, wurde die Frau zugleich zum »subtilen Kontrollinstrument«, zu seiner »Überwacherin«, die ihn an »den Eitelkeiten weltlichen Strebens« vorbeileitet und ihn lehrt, daß die »wahre Weisheit darin besteht, sich mit dem von der göttlichen Vorsehung zugewiesenen Platz zu begnügen« (Claudia Honegger, 1994), oder aber ihn anfeuert, ohne Bedenken und Rücksichten seine Pflichten stellvertretend für sie zu erfüllen. Ihr kommt eine zentrale gesellschaftliche Disziplinierungs- und Integrationsfunktion zu. Daß Frauen nicht, auch die wenigsten Frauen des Bürgertums, als Hausfrauen drinnen blieben, tut der Konstruktion selbst keinen Abbruch. Diese wird schlicht transformiert in alle Bereiche des gesellschaftlichen Lebens: Wo immer sie sich bewegt, die Frau bleibt in ihrer Logik, bleibt die Frau an seiner Seite. Sie ist es, die ihm sein Handeln ermöglicht, indem sie dessen Risiken auffängt, wenn sie etwa zusagt, »das Leben des Mannes für die Dauer des Kampfes zu übernehmen und ihn so zu seiner tödlichen Arbeit zu befreien«. (Birke Mersmann, 1995)

Ihre Rolle in diesem Delegationsmodell ist es, »ihm den Horror abzunehmen, um des Versprechens willen: Wir wollen niemals auseinandergehn. Der Mann deponiert sinnliche

Erfahrungen, Gefühle, und damit seine innere Lebendigkeit bei der Frau. Für die Zeit des Krieges ›lebt sie sein Leben mit‹« (ebenda), und dies unmittelbar an allen Orten des Geschehens, in Minsk, in Auschwitz, in Hadamar.

Dennoch bleibt das Modell ein für beide Seiten riskantes, fragiles. Nie ist sicher, ob sich die Bindekraft seines Versprechens für sie erhält, nie sicher, ob er, nachdem er sich ihr so stark ausgeliefert hatte, sein Versprechen halten wird. Das zerstörerische Potential, das auf beiden Seiten freigesetzt wird, wenn die dem Delegationsmodell zugrunde liegende Rechnung nicht aufgeht, ist nicht nur vertrautes Sujet der Literatur.

Im öffentlichen Bewußtsein werden die Gefahren der Aufkündigung und die Fragilität des Modells reflektiert. Es ist nicht tumbe, patriarchalische Willkür, die die Frau in einen fiktionalen Innenraum verweist und den Mann ins feindliche Leben schickt. Die disparate Sicht auf die sich komplementär zueinander verhaltende Arbeitsteilung unter den Geschlechtern, die deren jeweiliges konkretes Handeln nur unter Ausblendung des Handelns des anderen Geschlechts in den Blick nimmt, verhindert, Gesellschaft als ein Ensemble männlicher und weiblicher Akteure wahrzunehmen. Die Akteure bleiben positive (der Held) bzw. negative (die Fanatikerin) Ausnahmen, Gruppen von Individuen, repräsentieren nicht die Gesellschaft als Ganzes oder ein gesellschaftliches Selbstverständnis von Handelnden. Daß die Geschlechter arbeitsteilig und komplementär handeln, gilt als Naturgesetz. Was sie konkret dabei tun und welche Konsequenzen ihre Zusammenarbeit hat, bleibt im gesellschaftlichen Raum verborgen.

Die nationalsozialistische Volksgemeinschaft repräsentiert kein Ensemble von handelnden, entscheidungsfähigen Individuen, das als solches Verantwortung zu tragen hat. Die ehemaligen Volksgenossinnen und Volksgenossen wie auch die Nachkriegsgesellschaft fühlen sich nicht aufgefordert, Verantwortung für ihre jüngste Geschichte zu übernehmen.

Die Fronten, an denen nationalsozialistische Vernichtungspolitik stattfand, waren miteinander verbunden, und Frauen bewegten sich in diesem Geflecht.

Den Alltag durchdrang kriegerische Diktion, die keinen Hehl machte aus dem, was beabsichtigt war.

Wahrscheinlich blieb die Mehrzahl der Frauen unberührt von dem Gefühl, »in ein überwältigendes Schicksal hineingezogen worden zu sein, an einer Erhabenheit fern der Alltäglichkeit teilzuhaben, sich dem rauschhaften Gefühl der Entgrenzung zu überlassen« (Elvira Scheich, 1994). Doch muß das Angebot, an einer großen Idee teilzuhaben, einen Bedeutungsaufschwung zu erfahren, so weit angenommen worden sein, daß Frauen dafür bereit waren, über Leichen zu gehen.

In der Regel reagierten sie eher pragmatisch auf den nationalsozialistischen Alltag und seine rassistische Verfolgungspolitik. Damit waren vor allem sie es, die den Eindruck von Normalität aufrechterhielten. Und den retteten sie in die Konstruktion der Stunde Null herüber. Was Frauen im Nationalsozialismus bereits bis zur Perfektion erlernt hatten, den Anforderungen des Systems gerecht zu werden, ohne die Identität der Handelnden und damit Verantwortlichen anzunehmen, kam ihnen nun, so sie denn zur Rechenschaft gezogen wurden, zugute. Zwei Beispiele von Argumentationslogiken der Selbstrechtfertigung:

Die eingangs zitierte Kripobeamtin fährt in der Beschreibung ihrer Tätigkeit folgendermaßen fort: »Im Großen und Ganzen kann ich sagen, daß die Juden, die in meiner Gegenwart durch die Hände der Gestapo gegangen sind, sehr human und anständig behandelt worden sind. Es ist mir kein Fall bekannt, wo Juden beiderlei Geschlechts irgendwo mißhandelt worden sind. Mit den Transporten selbst hatte ich, oder die WKP (weibliche Kriminalpolizei), überhaupt nichts zu tun. Wir hatten lediglich die befohlenen Durchsuchungen vorzunehmen. Auf Grund unserer Dienstanweisung für weibliche Polizeibeamtinnen mußten wir dem Ersuchen sämtlicher Polizeidienststellen auf Durchsuchung weiblicher Personen Folge leisten« (Ursula Nienhaus, 1995). Sie demonstriert Pflichtbewußtsein in der Normalität eines behördlichen Alltags, betrachtet sich nicht als Akteurin, sondern als ausführendes Organ und wird sich, so ist zu fürchten, diese Auffassung und damit die Überzeugung von ihrer Unschuld bewahren. Die ebenfalls bereits erwähnte Ärztin Oberheuser beruft sich zu ihrer Schuldentlastung auf ihren Status als benachteiligte Frau: »Ich habe mich schon immer für die Chirurgie interessiert. Es war in Deutschland kaum möglich, als Frau in der Chirurgie anzukommen. Diese Gelegenheit hatte ich erst in dem Konzentrationslager Ravensbrück.« Sie, die eben dort Frauen bis zum Tod gequält hat, will dabei »Frau« geblieben sein, was immer das meinen mag:

»Ich habe es als meine Pflicht aufgefaßt und gehofft, hier als Frau auch helfen zu können, weil ich in der Begnadigung der Patientinnen eine Chance sah, und da habe ich geglaubt, als Frau hier helfen zu können.« (Gudrun Schwarz 1992)

Im Nürnberger Kriegsverbrecher-Prozeß wurde entschieden, daß die Büroangestellten, Stenographen und Hausangestellten der Gestapo aus der Kategorie »Mitglied einer verbrecherischen Organisation« herausgenommen, das heißt nicht angeklagt werden sollten. Die Begründung dafür war, daß sie »nicht die Art Verbrecher« seien, »die den Frieden der Welt gefährden«. Den Frauen, die dem »Verwaltungsmassenmord« in den Vorzimmern von Himmler, Heydrich und Kaltenbrunner zum Erfolg verhalfen, kam diese richterliche Entscheidung zugute; sie bot ihnen die Möglichkeit, auf ihre Weise die Entlastungsinterpretation von Nürnberg zu nutzen: Frauen machen nicht Politik und treffen keine Entscheidungen, sind mithin nicht zur Verwantwortung zu ziehen.

Erlebnisse von Hunger, Überlebenskampf, Verwundung, Vergewaltigung, Freiheitsberaubung, Vertreibung, Rechtlosigkeit wurden erst dann wahrgenommen, als sie den Tätern, den Initiatoren des Krieges und ihren Angehörigen selbst geschahen. Sie hatten jedoch nicht, jedenfalls nicht durchschlagend, die Wirkung einer Katharsis:

»Mir war, als müsse jeder uns Fragen stellen, uns an den Gesichtern ablesen, wer wir waren, demütig unseren Bericht anhören. Aber niemand sah uns in die Augen, niemand nahm die Herausforderung an: sie waren taub, blind und stumm, eingeschlossen in ihre Ruinen wie in eine Festung gewollter Unwissenheit, noch immer stark, noch immer fähig zu hassen und zu verachten, noch immer Gefangene der alten Fesseln von Überheblichkeit und Schuld.« (Primo Levi, 1994)

Die existentiellen Alltagssorgen der Nachkriegszeit trugen sicher dazu bei, erklären jedoch nicht, wie es gelingen konnte, sich vom Täter zum Opfer umzuinterpretieren, zu Opfern, die einem »großen Versprechen« aufgesessen waren. Für sie brachen nicht ein Weltbild und die es tragenden Haltungen zusammen, sondern die Hoffnung, daß das Versprechen realisierbar sein könnte; das Versprechen, in der Nestwärme des »Volkskörpers«, geschützt vor allen Bedrohungen von »außen«, sich bereichern zu können, bedeutsamer als »die Anderen« zu sein, über Macht zu verfügen. Die tatsächlichen Opfer erschienen dem Betrachter als »›die Anderen‹, ein ›Gesindel‹, das nicht zur Gattung Mensch gehörte. Öffneten sich auf den Bahnhöfen in Deutschland die Waggons, so zeigten die Einheimischen eine Mischung aus Neugier und Ekel, selten war Mitleid dabei.« (Rikola-Gunnar Lüttgenau, 1995)

Die Vermeidung von Schuldeingeständnis, Sühne und Trauer wurde umgedeutet in ein beherztes Zufassen der Trümmerfrau. Nicht auf das Vergangene schauend, krempelt die Frau der Stunde Null die Ärmel auf zum Wiederaufbau. Mit einem intakt und unversehrt gebliebenen Welt- und Selbstbild räumt sie nicht nur die Gebäudetrümmer beiseite, sie sortiert und verortet auch die Trümmer in den Köpfen neu. Sie ist die Statthalterin des entweder noch abwesenden oder von den Alliierten »verfolgten«, in jedem Fall sozial deklassierten Mannes und hält in einem »Akt der Schonung« die väterliche Scheinautorität aufrecht. Sie sorgt für Kontinuität und Normalität, ist Trägerin des sozialen Selbst- und Rangbewußtseins. Als die letzten Kriegsgefangenen Anfang der fünfziger Jahre als überlebende Opfer des »stalinistischen Terrors« und somit als Helden zurückkehren, ist der Anfang zum Wiederaufbau gemacht, die Welt beinahe wieder rund. Sobald sich der Mann regeneriert hat, tritt sie ihre Statthalterfunktion freiwillig wieder ab. Schelskys Studie »Wandlung der deutschen Familie in der Gegenwart« widerlegt den Mythos von der Emanzipationserfahrung in den Trümmern und belegt darüber hinaus, daß sich die im Nationalsozialismus eingeübte Komplizenschaft zwischen Mann und Frau fortsetzt und dafür sorgt, daß das beredte Schweigen in und außerhalb der Familien fortdauern kann. »In der Folge war ein Bewußtseinszustand, der nur als kollektive Amnesie bezeichnet werden kann, der Preis, den die verordnete Demokratie zu zahlen hatte. Nicht nur Städte und Dörfer, Kultur und Traditionen, familiale und soziale Lebenszusammenhänge wurden zerstört, auch das Bewußtsein von der Zerstörung wurde zerstört, am nachhaltigsten wohl im besinnungslos vorangetriebenen Wiederaufbau. ›Deutschland‹, schrieb Jean Amery nach dem Krieg, ›steht vor der Nötigung einer kollektiven politischen Auto-Psychoanalyse. Es steht vor dem geschehenen Weltunheil, das ihm zur Last gelegt wird, und es soll an seine Brust schlagen, so fordern es die Völker und so verlangen es seine eigenen Söhne, sofern sie sich unschuldig wissen an den Taten des Dritten Reiches. Die Aufgabe ist schwer. Daß Deutschland sich weigern wird, sie zu lösen, liegt auf der Hand.‹« (Wolfgang Kraushaar, 1987)

Aus der Weigerung resultiert, daß die Vergangenheit für tot erklärt wird und »das Nicht-Erwünschte hinter den

Rücken weiterwirkt, das Vergessene um so gegenwärtiger ist« (Gabriele Rosenthal, 1992). Die Frage nach den Folgen dieser Weigerung für die nachfolgenden Generationen der Täterinnen und ihrer Opfer kann, so scheint es, langsam zugelassen werden, führt jedoch, konsequent gestellt, unvermeidlich zum Zusammenbruch von Lebensentwürfen und biographischen Selbstbildern. Identitäten und die Beziehungen zwischen den Generationen kommen ins Wanken.

Davor rettete der Erinnerungssprung von der faschistischen zur antifaschistischen Vergangenheit der 68er Generation in der Bundesrepublik ebensowenig wie die Erklärungskonstruktionen der Frauenbewegung, die Frauen per se zum Opfer des NS machten und die eigentlichen Opfer des Vernichtungskrieges aus dem Blick verloren. Beide Kritikansätze wurden zum Vehikel der Verleugnung eigener Wurzeln, blendeten die direkte Konfrontation und Auseinandersetzung mit den Tätern und Täterinnen aus. »Erinnerung bewegt sich hier als aktualisierte Wahrnehmung in einem Gedächtnisrahmen, der den Nationalsozialismus versucht, kritisch zu erinnern, und dennoch die Erinnerung an seinen extremsten Pol immer wieder verfehlt.« (Theresa Wobbe, 1992)

Ein neuer Anlauf wird mit der Mühe verbunden sein, gegen das soziale Schweigegebot die Spurensuche nach den verdeckten Überlieferungen anzutreten, Subtexten nachzuspüren, die dem Erzählten, aber auch dem Verschwiegenen unterlegt sind, und schließlich den schweren Schritt zu tun, nach den Opfern zu fragen, nach Osten zu schauen. »Nach Osten geht ein Blick, der die Spuren der Verfolgung für einen Gedächtnisrahmen zu rekonstruieren sucht, aus dem die Opfer nicht mehr ausgeschlossen werden und in dem die Frage nach der Täterschaft gestellt wird.« (Ebenda)

Literatur

Gisela Bock, Ganz normale Frauen. Täter, Opfer, Mitläufer und Zuschauer im Nationalsozialismus. In: Kirsten Heinsohn/Barbara Vogel/Ulrike Weckel (Hrsg.), Zwischen Karriere und Verfolgung. Handlungsspielräume von Frauen im nationalsozialistischen Deutschland. Frankfurt am Main 1997, S. 245–277

Angelika Ebbinghaus (Hrsg.), Opfer und Täterinnen: Frauenbiographien im Nationalsozialismus. Nördlingen 1987

Ursula von Gersdorff, Frauen im Kriegsdienst 1914–1945. Stuttgart 1969

Karin Hausen, Nachwort. In: Geneviève Fraisse/Michelle Perrot (Hrsg.), Geschichte der Frauen. 19. Jahrhundert, Frankfurt am Main, New York 1994, S. 617

Hannes Heer, Kds Minsk. Die Dienststelle. Deutsche Vernichtungspolitik in Weißrußland 1941–1944, im Erscheinen

Raul Hilberg, Die Vernichtung der europäischen Juden. Frankfurt am Main 1990, S. 1080

Adolf Hitler, Auszüge aus einer Rede an die NS-Frauenschaft, abgedruckt im Völkischen Beobachter, 13. September 1936; zitiert nach George L. Mosse, Der nationalsozialistische Alltag. Frankfurt am Main 1993, S. 65

Claudia Honegger/Bettina Heintz (Hrsg.), Listen der Ohnmacht. Frankfurt am Main 1984, S. 27

Wolfgang Kraushaar, Ein deutsches Historisches Museum nach Auschwitz. Unveröffentlichtes Manuskript, 1987

Primo Levi, Die Atempause. München 1994, S. 242

Rikola-Gunnar Lüttgenau, »Ist das möglich? Wir sind wieder freie Menschen!« Todesmärsche aus den KZ 1945. Der Bericht eines Überlebenden. In: Sowi 24 (1995) 2, S. 96

Birke Mersmann, Was bleibt vom Heldentum? Weiterleben nach dem Krieg. Berlin 1995, S. 26

Ursula Nienhaus, »Im Kern keine Abweichung« – Weibliche Polizei im Nationalsozialismus. Redemanuskript, Hamburger Institut für Sozialforschung. Hamburg 1995

Dies., Von der (Ohn-)Macht der Frauen: Postbeamtinnen 1933–1945. In: Lerke Gravenhorst/Carmen Tatschmurat (Hrsg.), TöchterFragen. Freiburg im Breisgau 1990, S. 193–210

Gabriele Rosenthal/Wolfram Fischer-Rosenthal, Editorial. In: psychosozial 51/1992, S. 6

Elvira Scheich, Feministische Standpunkte: Zu Krieg und Staat, Nationalismus und Gewalt. In: Mittelweg 36 2/1994, S. 84–94
Gudrun Schwarz, Verdrängte Täterinnen: Frauen im Apparat der SS (1939–1945). In: Theresa Wobbe (Hrsg.), Nach Osten: Verdeckte Spuren nationalsozialistischer Verbrechen. Frankfurt am Main 1992, S. 197–227
Dies., Die Frau an seiner Seite. Ehefrauen in der »SS-Sippengemeinschaft«. In: Mittelweg 36 3/1977, S. 37–44; das Buch mit gleichem Titel erschien im Herbst 1997
Franz W. Seidler, Frauen zu den Waffen? Marketenderinnen, Helferinnen, Soldatinnen. Koblenz/Bonn 1978
Ruth Seifert, Individualisierungsprozesse, Geschlechterverhältnisse und die Konstruktion des Soldaten. München 1993, S. 144
Michelle Perrot, Rebellische Weiber. In: Claudia Honegger/Bettina Heintz (Hrsg.), a. a. O., S. 73
Karin Windaus-Walser,Gnade der weiblichen Geburt? Zum Umgang der Frauenforschung mit Nationalsozialismus und Antisemitismus. In: Feministische Studien, November 1988, S. 113
Theresa Wobbe, Das Dilemma der Überlieferung. Zu politischen und theoretischen Kontexten von Gedächtniskonstruktionen über den Nationalsozialismus. In: Dies. (Hrsg.), Nach Osten. Verdeckte Spuren nationalsozialistischer Verbrechen. Frankfurt am Main 1992, S. 38f.

ISBN 3-351-02486-X

1. Auflage 1999
Aufbau-Verlag GmbH, Berlin

Einbandgestaltung Ute Henkel / Torsten Lemme
Druck und Binden Graphischer Großbetrieb Pößneck GmbH
Ein Mohndruckbetrieb
Printed in Germany